北京语言大学阿拉伯研究中心基础研究文库

教育部“中非高校20+20合作计划”项目资助

دراسة في تعليم اللغة الصينية في البلدان العربية
والمناطق المحيطة بها

阿拉伯及周边地区汉语教育研究

张浩 著

北京语言大学出版社
BEIJING LANGUAGE AND CULTURE UNIVERSITY PRESS

图书在版编目（CIP）数据

阿拉伯及周边地区汉语教育研究 / 张浩著 . -- 北京：北京语言大学出版社，2015.5
ISBN 978-7-5619-4186-7

Ⅰ. ①阿… Ⅱ. ①张… Ⅲ. ①汉语－对外汉语教学－教学研究－阿拉伯国家 Ⅳ. ① H195.3

中国版本图书馆 CIP 数据核字（2015）第 102321 号

阿拉伯及周边地区汉语教育研究

ALABO JI ZHOUBIAN DIQU HANYU JIAOXUE YANJIU

排版制作：北京创艺涵文化发展有限公司
责任印制：姜正周

出版发行：北京语言大学出版社
社　　址：北京市海淀区学院路 15 号，100083
网　　址：www.blcup.com
电子信箱：service@blcup.com
电　　话：编辑部　8610-82303647/3592/3395
　　　　　国内发行　8610-82303650/3591/3648
　　　　　海外发行　8610-82303365/3080/3668
　　　　　北语书店　8610-82303653
　　　　　网购咨询　8610-82303908
印　　刷：北京京华虎彩印刷有限公司

版　　次：2015 年 5 月第 1 版
印　　次：2015 年 5 月第 1 次印刷
开　　本：710 毫米 ×1000 毫米　1/16　　印　　张：10
字　　数：149 千字
定　　价：30.00 元

PRINTED IN CHINA

前言

21 世纪，随着全球化的发展，中国与阿拉伯及周边地区在政治平等互信、经济合作共赢、文化交流互鉴等方面得到了快速的发展。2000 年 10 月“中阿合作论坛”的召开，把中阿友谊、经贸合作及文化教育交流推向了全面、快速、深入发展的新时期。阿拉伯及周边地区的汉语国际教育和中阿文化交流也随着形势的发展进入了一个提速发展的新阶段。

语言是人类交流的工具，是文化的载体，是沟通不同民族心灵的桥梁。事实证明，过去、现在、将来，不管处于何种背景之下，中国和阿拉伯及周边地区绝不会没有交往，而只要接触、交往，就离不开语言工具。阿拉伯汉语教育有着悠久的历史，尤其是 21 世纪以来，阿拉伯人汉语学习的潮流可谓一浪高过一浪。近年来随着汉语国际教育事业的不断发展和壮大，汉语的海外传播和汉语教育的研究领域也在不断地拓展和深入，其中针对不同母语、不同国别的汉语教育之区域性和国别化的研究，越来越受到重视。外国学习者学习汉语有共同的特点和规律，同时，来自不同国家、地区的学习者，由于母语、历史、文化、教育背景及民族性格等不同，汉语学习还存在着各自的特点与规律。针对不同母语和国别的汉语学习者的特点和规律所进行的研究，不但会大大促进、充实、深化汉语教育的理论研究，而且对教学实践具有一定的指导意义。

学习汉语的阿拉伯人是一个庞大的群体，毋庸置疑，对阿拉伯汉语教育的特点、规律及教学方法的研究，早已成为人们关注的课题。事实上，已经有研究者在思考和研究这方面的问题，并且相关的课题已经产生了一批研究成果。但是关于阿拉伯汉语教育特点与规律的研究，是个复杂的系统工程，涉及的方面、问题很多，仅靠单篇文章是难以阐述清楚的，应该有一批研究专著从各个层面进行系统全面的论述。从事这项研究并且以专著的形式展示研究成果，不仅需要研究者具有丰富的教授阿拉伯学生的经验，充分掌握第一手资料，而且还需要对阿拉伯学习者、阿拉伯文化、中阿文化交流、阿拉伯汉语教育历史有深入的了解，对第二语言习得与教学理论、汉阿对比语言学等有扎实的把握，另外也需要有一定的阿拉伯语水平。笔者深知在这些方面都存在着很大的不足，造诣不深，但是客观需要和浓厚兴趣给了我动力和勇气。笔者在从事教学、论文写作及科研活动时，阅读了大量有关阿拉伯汉语教育的资料、论文、著作，在经验积累、资料搜集、知识掌握等方面，做了长期、充分的准备，构建了本书的体系和内容。其中部分章节曾作为硕士生必修课程《国别化汉语教学设计与分析》的讲稿，为北京语言大学2013届和2014届的中国研究生和外国研究生讲授过。在此基础上又经过补充、修改，终于完成了这部书稿的写作。

作为汉语国际推广的重要部分，阿拉伯及周边地区的汉语教育有许多共同点。由于各国的国情、语言文化背景、教育体制、师资状况、教育对象及各国政府对汉语教育的政策与态度等方面的差异，各国在汉语教学和推广过程中又表现出某些不同的特点，而目前我们对阿拉伯及周边地区的国情文化、教育体制和汉语教育现状及需求的了解，还仅限于总体上的把握与判断，缺乏翔实的数据统计与分析，这势必会影响到阿拉伯汉语国际推广策略的准确度和有效度。了解各国国情，特别是与汉语教育密切相关的国情，是制定汉语国际教育策略、促进汉语传播的基础。为此，很有必要对阿拉伯汉语教育开展广泛、深入的考察调研，及时跟踪阿拉伯汉语教育的进展状况，建立并不断完善阿拉伯汉语教育的信息库和数据库，更好地为阿拉伯及周边地区汉语国际教育提供决策的依据。

本书之目的是力图对阿拉伯汉语教育问题做较为系统全面的论述，基本内容包括以下四个方面：第一，对阿拉伯及周边地区汉语教育的历时考察；第二，对该地区汉语教育现状的系统介绍；第三，对该地区孔子学院、教材和教学法三个微观层面的分析研究；第四，对该地区汉语教育未来发展趋势的探讨。各章所论述问题相互之间有差异也有联系，但都由汉语教育所统领，由此可见阿拉伯汉语教育研究是一个魅力无穷、可以不断做下去的课题，希望能够引起专家学者对此问题的关注，同时为汉语国际传播理论提供有价值的参考。

本书以整个阿拉伯汉语教育体系中所涉及的各个方面为研究对象，此前的研究中虽然有一些涉及阿拉伯汉语教学方面的问题，但大多是从微观视角进行个别问题的细化研究，从汉语国际传播与教育的宏观视角，对阿拉伯汉语教育的历史、发展及模式进行探讨的学术成果并不多见。本书不但可以为阿拉伯汉语教育的发展提供可以借鉴的参考，也可以为国家层面区域化汉语传播和教育政策的制定提供有价值的依据，同时对其他国家的本土化和区域化的汉语教育也具有较强的借鉴价值。书中比较肤浅的探讨、梳理、分析、论述，倘若能起到抛砖引玉的作用，为人们进一步思考和研究提供一些基础，对教学工作有所启发和帮助，那将是笔者最大的荣幸。书中一定会有不妥乃至谬误之处，诚望同人们予以批评校正。

本书受教育部“中非高校20+20合作计划”项目资助，是教育部国别和区域研究培育基地——北京语言大学阿拉伯研究中心2014年—2019年基础研究丛书之一。本书在写作过程中，得到了诸多专家学者和师友们的热情支持，北京语言大学中东学院院长、阿拉伯研究中心主任罗林教授从本书的选题到具体的撰写都给予了许多帮助和指导；孔子学院处的付继伟处长提供了与我校合办的奥坎大学孔子学院、苏伊士运河大学孔子学院以及巴基斯坦伊斯兰堡孔子学院的相关资料；埃及苏伊士运河大学孔子学院外方院长穆罕默德·阿里·扎亚特先生及巴基斯坦伊斯兰堡孔子学院的中外方院长等也给予本书极大的支持和帮助；我的两位埃及硕士生李小青、美花也为本书提供了部分资料，书稿完成后又承蒙几位专家进行了认真审阅，提出了宝贵的修改意见。在此谨对这些良师益友表示无限的感激和深深的谢意！

张　浩

2015年1月15日

目　录

第一章　阿拉伯及周边地区汉语教育分析

随着中国综合国力的迅速提升和国际地位的不断提高，“汉语热”风靡全球，在作为国际社会一个重要组成成分和中国友好合作伙伴的阿拉伯世界，汉语教学也得到了新的发展机遇。中国博大精深的民族文化和中阿间深厚的友谊为汉语教育在阿拉伯及周边地区的发展奠定了坚实的基础，同时，推动汉语教育在阿拉伯及周边地区的稳定发展也有利于中国文化走向阿拉伯世界，有利于加深阿拉伯人民对中国及中国文化的了解。自新中国成立以来，中阿双方间的教育合作与交流持续不断，汉语教育也在阿拉伯及周边地区得到了很大的重视，并取得了一定的成效。然而，阿拉伯及周边地区的汉语教学虽总体发展良好，但目前面临的问题仍比较突出，为此需要系统全面地回顾对阿拉伯及周边地区汉语教育的历史和现状，分析所面临的问题及成因，从而制定切实可行的策略，以促进阿拉伯及周边地区汉语教育的可持续发展。①

第一节　区域化汉语教育研究

近年来，随着全球“汉语热”的不断升温，汉语教育的发展呈现出区域化的趋势。区域是指以人为主体的社会经济活动的空间结构或地域系统，区域化汉语教育则是指“根据不同的地域划分来研究汉语教学，以有的放矢、更好地提高教学效果”。② 具体来说，区域化汉语教育至少具有两种不同的内涵：地域维度上的区域化汉语教育与语言类型维度上的区域化汉语教育，因此，区域化汉语教育研究并不是一种单一的教学观念，而是具有多层次、多维度的特点。

---

① 本书研究的对象为阿拉伯及周边地区已经建立孔子学院或已开设汉语课程的高校、中小学及社会培训机构。数据信息主要来源于中国国家汉办、各国教育部、各高校官方网站，以及各孔子学院（或高校、教育机构）相关负责人、教师以及学生提供的数据。

② 魏红：《区域化汉语教学与语言类型研究》，《云南民族大学学报（哲学社会科学版）》，2012 年第 5 期。

首先，地域维度上的区域化汉语教育包括两个层面的内容：其一是办学主体的区域化。汉语教育区域化是要打破过去国家统一办学的模式，实现以国家办学为主体，地方共同办学的多元化办学模式，同时区域化还要根据各地的地域特征与办学实力，进行优化组合，以点带面，形成地域特色与地域优势。其二是教育对象的地域化。即根据汉语作为第二语言学习的需求情况，将国际上有汉语学习需要的国家或地区从地域上模块化，与办学主体的区域化相对应，把办学主体的优势最大化，也有利于办学主体与办学对象的深入联系。

其次，语言类型维度上的区域化汉语教育，主要是把汉语学习者根据其母语类型进行区域划分，从汉语与学习者母语的语言类型关系上去考虑具体的教学方法与教学措施，也包括两方面的重要内容：其一是语言比较研究与类型研究，这是区域化汉语教育的基础工作。大量的第二语言教学研究显示，母语的迁移作用确实是存在的，在学习汉语的过程中，学习者很容易受母语迁移的影响，所以在教学中要注意有效利用母语的正迁移，谨慎排除母语负迁移的干扰。国内的语言类型研究方兴未艾，目前已经有一些成果，但研究空间仍然非常大。其二是针对某国留学生或汉语学习者的汉语习得研究，偏误研究发现，不同母语学生汉语学习的偏误情况不一致，其研究成果可以直接指导教学。在汉语教学中，把母语类型差异的因素考虑进去，从语言类型角度分析汉语学习者的母语以及研究母语与汉语的类型关系，对提高教学效果有很大的帮助。（见图 1-1）

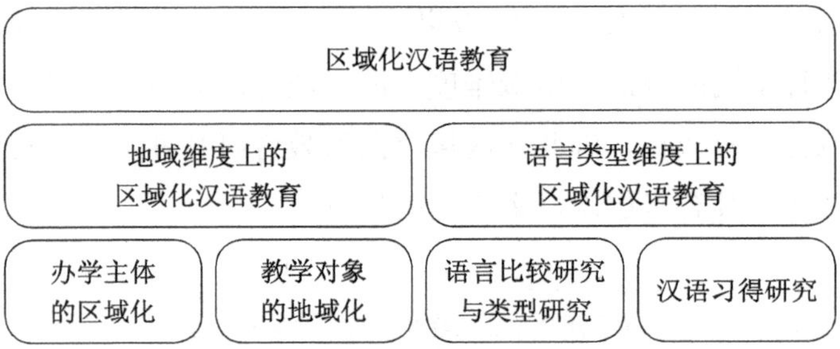

图 1-1　区域化汉语教育示意图

教育领域的区域化在国际以及国内都有先例，如国内高等教育的区域化、职业教育的区域化都已经经历了一段时间的实践，在发展过程中积累了一些有价值的经验，这些都是汉语教育的区域化发展需要借鉴的。区域化汉语教育是一项复杂系统的工程，是汉语教学向精细化发展的方向，是汉语教学事业进一步发展的必经之途。

一、阿拉伯及周边地区的地域背景

阿拉伯及周边地区既是一个地理概念，又是一个文化区域概念。从地理概念来说，“阿拉伯及周边地区”是23个阿拉伯国家及其周边的中东、西亚等一些国家的统称。从国别来看，阿拉伯及周边地区主要包括埃及、巴林、伊拉克、伊朗、约旦、以色列、黎巴嫩、科威特、卡塔尔、阿曼、沙特阿拉伯、土耳其、也门、阿拉伯联合酋长国、塞浦路斯、巴勒斯坦、叙利亚、摩洛哥、突尼斯、利比亚、阿尔及利亚、巴基斯坦、阿富汗等国家。

从地理位置分析，阿拉伯及周边地区的地域范围大致包括非洲大陆的东北部和亚洲大陆的西南部之间的区域，被称作“三洲五海”之地。所谓“三洲”是指亚洲、欧洲和非洲，“五海”指的是阿拉伯海、地中海、红海、黑海和里海。阿拉伯及周边地区是沟通大西洋和印度洋的桥梁，连接西方和东方的枢纽，也是欧洲经北非到西亚的咽喉。可见阿拉伯及周边地区交通便利，海陆空皆可顺利运送该地区丰富的石油到各国。阿拉伯及周边地区在世界政治、经济和军事上异常重要的地位，使其必然成为世界历史上列强角力、兵家必争之地。

二、阿拉伯及周边地区的文化背景

阿拉伯及周边地区是当今世界政治、经济和军事最敏感的地区之一。从第二次世界大战至今，阿拉伯及周边地区历来受到全球目光的关注，拥有着全世界最高的“上镜率”。在全球政治与地区政治交替叠加的作用下，既有石油资源对世界经济的撼动，又有巴以冲突对地区和平甚至世界和平持续的威胁，同时，该地区本身存在的诸多教派、民族、领土的问题也无法在短期内得到解决。特别是在“阿拉伯之春”之后，各种力量的角逐使得原本已经备受关注的乱局再次升级。阿拉伯及周边地区油气资源丰富，主要分布在波斯湾及沿岸地区，是目前世界上石油储量最大、生产和输出石油最多的地区，所产石油绝大部分通过海洋运往西欧、美国、日本等发达国家和地区，对世界经济发展具有重要影响。虽然阿拉伯及周边地区是世界上最重要的能源生产和供应基地，但是经济发展相对其自然资源而言仍然十分缓慢。目前，阿拉伯及周边地区的大部分国家的经济结构还比较单一，生产和生活用品例如机电产品、纺织品、鞋类、轮胎等都严重依赖国外进口。

文化圈是一个分布着彼此相关的文化群的空间范围，是由各种器物、经济、社会、道德及宗教信仰等相互关联而构成的一个有机整体。德国民族学家 R. F. 格雷布认为：“文化圈是指以文化为主要特色，并且各个文化圈内都有一个核心地区，由其向周边地区渗透，使周边地区在文化上表现出同质现象。”[①] 阿拉伯及周边地区在文化特征上具有较大相似性，且这些具有相似性的文化现象在数量上也非常庞大，因此阿拉伯及周边地区可以视为一个文化圈。

在世界范围内，根据文化的起源可以分成五大文化圈，即西方文化圈（拉丁文化圈）、东亚文化圈（汉字文化圈）、伊斯兰文化圈（阿拉伯文化圈）、印度文化圈（南亚文化圈）和东欧文化圈（斯拉夫文化圈）。伊斯兰文化圈即阿拉伯文化圈，其代表为伊斯兰教文化，包括阿拉伯国家以及信仰伊斯兰教的周边国家和地区。阿拉伯及周边地区是人类古代文化和世界三大宗教的发祥地，他们使用统一的语言——阿拉伯语，有统一的文化和风俗习惯，绝大部分人信奉伊斯兰教。有些国家虽非以阿拉伯民族为主体，但长期以来与阿拉伯国家建立了紧密的政治、经济、文化、宗教联系，并加入了阿拉伯联盟，因此也被视作阿拉伯文化圈国家。

① 转引自李春玲：《关于异域文化背景下商务汉语教材编写的思考——以阿拉伯文化圈为个案》，《第十届国际汉语教学研讨会论文选》，沈阳：万卷出版公司、北方联合出版传媒集团，2012 年，第 180 页。

伊斯兰文化圈的区域特色是虔诚地保持对伊斯兰教的信仰和阿拉伯语的使用。阿拉伯语的形成与发展，大致经历了三个重要的阶段，即原始阿拉伯文到加点的阿拉伯文，再发展到加点、有音符的阿拉伯文，这三次大的改进与伊斯兰教的产生及传播都有着十分重要的联系。伴随着对外扩张和阿拉伯帝国的强盛，阿拉伯语逐渐传播到被征服地区，成为这些地区的共同语，其中伊斯兰文化在阿拉伯语的传播过程中发挥了重要作用。由于伊斯兰教的关系，阿拉伯语得到穆斯林的重视，阿拉伯语与伊斯兰教是相伴发展的。

阿拉伯伊斯兰文化并不仅限于阿拉伯民族，它也是信仰伊斯兰教的全世界穆斯林的文化成就。阿拉伯伊斯兰文化历史悠久，内容博大精深，既坚守纯洁的理念，追求崇高的理想，同时又充满包容，体现出开放的胸怀。“阿拉伯”一词最早出现于公元前 9 世纪，历史上阿拉伯人经历了几次大的扩张，融入了波斯人、突厥人等血统，在伊斯兰文化形成与发展的漫长过程中，阿拉伯人还保存和发展了希腊、罗马文化的精华，并创造出独具特色的伊斯兰文化。阿拉伯文化与伊斯兰思想、伊斯兰教体系是紧密相连的。伊斯兰文化的产生得益于伊斯兰教的产生，可以说没有伊斯兰教，就没有阿拉伯民族的崛起，就没有伊斯兰文化的产生。阿拉伯语言与文字成为文化统一的载体，伊斯兰教及其人生价值观念成为这种文化的核心内容，从而使伊斯兰文化成为一种独特的文化体系。

伊斯兰教在阿拉伯文化圈不仅仅是一个信仰问题，更是一种生活方式。先知穆罕默德在告诉信徒相信真主和来世的同时，还为他们制定了日常生活、家庭、经商和社会应共同遵守的行为准则和规范，伊斯兰教从民族性格、文化生活、宗教信仰、饮食、妇女地位及婚姻状况等多方面对阿拉伯社会风尚产生着影响。从文化融合层面来看，由于阿拉伯及周边地区的位置介于来自欧洲的基督教文化和来自东亚的佛教文化之间，各地区各民族相互之间的关系复杂，激烈冲突也持续不断，来自东方和西方的各种文化流派和文化习俗在阿拉伯及周边地区激烈冲突，也紧密交流。然而，伊斯兰教不同于其他教派，它有一些与世界其他地区大相径庭的禁忌习俗。在饮食方面，伊斯兰文化禁止任何含有酒精的饮料，酒不能当作礼品相赠，也不能食用任何与猪有关联的食品，使用与猪相关的物品或者饰品。此外，伊斯兰文化对于穿着的要求也十分严苛，特别是对女士的穿着比如戴头纱等有着明确的法律规定，一旦违反会受到法律的严厉惩处。

阿拉伯语是世界上最重要的国际语言之一，也是联合国六种工作语言之一，全世界约有 2.06 亿人讲阿拉伯语。“阿拉伯语从一种国家语言转变为一种区域化的国际语言，也是基于国家硬实力基础之上不断向外传播而成为今天的国际语言的。”[①] 而在伊斯兰教基础上形成的阿拉伯语，不仅成为维护阿拉伯人、统一阿拉伯各部族的纽带，而且逐渐发展成为东西方伊斯兰国家通用的、具有强大生命力的世界性语言，至今仍对伊斯兰国家的社会、文化、艺术等起着不可估量的作用。

第二节　阿拉伯汉语教育的历史

汉语和中华文化在阿拉伯及周边地区的传播有着悠久的历史，回顾阿拉伯汉语教育的历史发展过程，考察分析阿拉伯汉语教育的现状，对我们借鉴该地区汉语教学以往的历史经验，了解该地区目前对汉语教学的实际需求，从中探索汉语与中华文化在海外传播、发展的轨迹，探索中华文化与世界其他民族文化互动交流的特点，探索汉语国际教育进入阿拉伯及周边地区主流社会的运作机制与模式，寻找一条真正符合汉语自身特点和所在国国情的汉语教育之路，进一步推动阿拉伯及周边地区汉语教育又快又好地发展，无疑是具有重要意义的。

一、发端

阿拉伯汉语教育的最早记载开始于中世纪。根据零星的史料记载，中世纪阿拉伯及周边地区的汉语教育发轫于民间零散式汉语教育。最早学习汉语的阿拉伯人是唐宋时期侨居中国的阿拉伯使节和商人。由于唐

① 吴应辉:《汉语国际传播研究理论与方法》，北京：中央民族大学出版社，2013 年，第 61 页。

宋帝国的强盛以及在当时国际社会上的重要地位，阿拉伯王朝曾 70 余次派遣使者来华，他们不远万里来到中国经商或者学习，在东部沿海如扬州、杭州、泉州、广州等地区形成了阿拉伯侨民比较集中的区域。从侨居中国从事商贸活动并与华人交往和生活的角度来讲，唐宋时期侨居中国的阿拉伯使节和商人，应是最早一批学习中国语言文化的人。

在唐宋时期在华的阿拉伯人开始接触汉语的同时，也有中国人远赴阿拉伯及周边地区学习阿拉伯语，开始了最早的中国语言和文化的传播活动。杜环是中国唐代旅行家，他在 11 年时间里游历了阿拉伯及周边地区的一些国家，著述了《经行记》，成为中国古代第一个到阿拉伯及周边地区游历并有著作的中国人。杜环旅居或游历的阿拉伯及周边地区包括今天的伊拉克、埃及、摩洛哥、索马里、埃塞俄比亚、巴勒斯坦、叙利亚等国家。[①] 德国汉堡大学历史学教授沃尔博特·施密特（Wolbert Smidt）在《八世纪在努比亚和阿比西尼亚王国中的中国人——杜环造访莫林国和洛巴萨》中提到："杜环造访了阿拉伯和非洲的不少国家。他游记中提到的名为'莫林国'的古非洲国家今天基本已经能明确下来了，它就是曾存在于今日苏丹和厄立特里亚沿海低地沙漠地带的古王国。同样，杜环的论述也使另一王国的位置进一步明确下来，洛巴萨位于莫林国以南，这是中国古代史料中首次记载到阿比西尼亚，所以，杜环的描述是极其珍贵的有关阿克苏姆王国的古代史料之一。"[②]《经行记》不仅最早记载了伊斯兰教义和中国工匠在阿拉伯传播生产技术的情况，而且记录了阿拉伯及周边地区若干国家的历史、地理、物产和风俗人情。

如果说唐宋以来到阿拉伯及周边地区从事外交与商贸的中国人，给个别阿拉伯人教授汉语仅仅是停留在生活或工作层面，那么明清时期中国留学生及学者赴阿拉伯及周边地区留学或游学期间，以讲座的形式向阿拉伯人讲授汉语，则意味着阿拉伯及周边地区的汉语教育由

① 郭应德:《中国阿拉伯关系史》，张甲民译，北京：阿拉伯信息中心，2004 年，第 18 页。
② Wolbert Smidt: *A Chinese in the Nubian and Abyssinian Kingdoms (8th Century). The Visit of Du Huan to Molin-guo and Laobosa,* http://www.rewes.orgJdocument.html.

民间零散式教育向大学学科式教育转型。1836年，清代伊斯兰学者马复初赴埃及爱资哈尔大学求学，首开中国人赴阿拉伯及周边地区留学先河。近现代时期，中国开始有计划地向阿拉伯及周边地区派遣留学生，其中庞士谦等中国留学生曾为埃及爱资哈尔大学开设中国文化讲座课程，向阿拉伯学生教授中国汉语语言和文化知识。[①] 建立于公元972年的埃及爱资哈尔大学，是阿拉伯伊斯兰世界成立时间最早、地位最高、系科最全的著名大学，根据1938年赴埃及爱资哈尔大学留学的庞士谦《埃及九年》所列该校课程设置，爱资哈尔大学于1930年在课程标准中开始设置外国语学科，分西方语和东方语。西方语主要是英语和法语，东方语主要是日本语、中国语、印度语、波斯语、土耳其语、阿比西尼亚语。该校规定哲学院及研究院各年级共6年均须加授外国语课程，西方语是哲学院学生的必修课，东方语是传教系各班的必修课。[②]

爱资哈尔大学开设外国语学科，以及中国文化讲座和中国文化学院的设立，将中国语列入东方语系并作为传教系学生的必修课，可以视作历史上阿拉伯及周边地区高校汉语教育的开始，预示着当代阿拉伯及周边地区汉语教育的规模性发展。这些汉语教育活动不仅开启了对阿拉伯汉语教育的先河，而且作为世界语言交流史上最早的外语教育范例之一，对于研究阿拉伯及周边地区汉语教育的发源具有一定的借鉴意义。

二、发展

从爱资哈尔大学正式开设汉语课程至今，汉语教育在阿拉伯及周边地区走过了一条曲折坎坷而又缓慢前行的发展之路。20世纪三四十年代，阿拉伯及周边地区除埃及、土耳其等国有规模不大的汉语教学外，其他国家汉语教育基本处于空白状态。1949年以来随着国际格局的演

① 马博忠、纳家瑞、李建工：《历程——民国留埃回族学生派遣史研究》，银川：宁夏人民出版社，2011年，第8页。

② 庞士谦：《埃及九年》，北京：中国伊斯兰教协会，1988年，第13页。

变和中阿关系的发展，伴随着中国与阿拉伯及周边地区教育交流与合作的不断扩大，阿拉伯及周边地区汉语教育在形式和内容上得到了飞速发展。1954 年埃及开始了第一次对阿拉伯本地人的汉语教学，从此汉语才算真正走进了阿拉伯人的文化生活之中，开始了完整意义上的中国文化与阿拉伯文化的交流与互动。

阿拉伯汉语国际教育的发展大体可以分为两种模式：一是由中国政府主导与推动，招收阿拉伯留学生到中国学习汉语，或是派遣汉语教师到阿拉伯教授中文；二是阿拉伯各国主动在当地大中学校开展汉语教学，并逐步建立汉语教学及汉学研究机构。埃及是当代阿拉伯及周边地区最早开展汉语教学的国家之一。1954 年，按照中国与埃及政府签订的文化协定，中国向埃及开罗大学派出了第一名汉语教师，揭开了当代阿拉伯汉语教学的序幕。1956 年，埃及与新中国建立外交关系，中阿在政治、经济、文化、教育等诸多层面展开交流与合作。同年，两国政府又签署了《中华人民共和国和埃及共和国文化合作协定》，内容涉及语言教师及学生的互换、教育团组的互访、两国科学家之间的交流、教育学科与学位的互认等。这是新中国成立后与阿拉伯及周边地区签订的最早的汉语教育交流与合作的换文，开启了中埃两国乃至与阿拉伯及周边地区各国之间文化教育合作与交流的新纪元。1958 年，为推动中埃双边关系发展，埃及艾因·夏姆斯大学语言学院成立了中文系，使中文在埃及首次被列入教育体制，开启了阿拉伯高校史上设立中文系讲授汉语之先河，结束了阿拉伯及周边地区历史上无官方教育机构教授汉语的历史，具有划时代的意义。除埃及高校外，阿拉伯及周边地区高校成立中文系或开设汉语教育班的还有沙特国王大学语言与翻译学院、突尼斯布尔吉巴语言学院、毛里塔尼亚努瓦克肖特大学、也门萨那技校等。这些阿拉伯高校汉语教育学科体系的建立，为阿拉伯培养了数以千计通晓中国语言、了解中国文化、熟悉中国国情、深谙中阿关系的德才兼备的汉语人才，为搭建中阿沟通桥梁，推动中阿关系发展，深化中阿交流，加强中阿合作发挥了重要的、积极的作用。

三、复苏

1966—1972 年，中国因“文化大革命”停止接收外国留学生长达 6 年之久，已经在华留学的阿拉伯学生与其他国家留学生一样不得不中断学业回国。20 世纪 70 年代，中国政府开始采取一系列措施，改善和发展对外关系。1971 年，中国政府恢复了在联合国的合法席位和常任理事国地位；1973 年，汉语被列为联合国大会和安理会的五种工作语言之一（1973 年，阿拉伯语也被确立为工作语言）。随着国内对外汉语教育逐步走上正轨，中阿重新开启了汉语教育的合作与交流及互换留学生的工作。1976 年，突尼斯布尔吉巴语言学院开设了汉语课，作为第二外语供学生选修。1977 年，埃及艾因·夏姆斯大学语言学院恢复设立中文系。“文革”结束后，中阿关系向前发展，阿拉伯汉语教育也逐渐回暖，但整个 80 年代增速并不明显。

80 年代后，中国开始进入改革开放的新时期，随着中国综合国力不断提升，中阿关系得到了进一步发展，阿拉伯汉语教育也逐渐得到重视。中国教育代表团于 1989 年先后对毛里求斯、埃及和毛里塔尼亚三国的汉语教育进行了考察，与所在国教育部门就发展当地的汉语教育达成一致意见，中国向三国派遣汉语教师，提供奖学金名额，赠送汉语教材和中文图书，并向埃及和毛里塔尼亚各赠送一套语言实验室设备，此项举措推进了汉语教育在这三国的发展，并产生了辐射效应。之后，中国政府陆续在埃及、喀麦隆等国创建汉语培训中心和语言实验室，并通过派遣汉语教师、援赠教学仪器设备和图书资料等，协助所在国开展汉语教学与研究。在中国政府的支持下，阿拉伯及周边地区汉语教育得到了进一步发展。

综上所述，在中阿两千年的双边关系史上，中阿语言文化交流是一个重要主题。在中阿教育文化交流与合作领域，汉语教育是深化与推动中阿文化交流合作的主要手段，这一方面深刻见证了中国与阿拉伯及周边地区文化交流的具体情况，另一方面为双方在诸多领域的合作奠定了基础，培养了中阿所需的语言类人才。

第三节　阿拉伯汉语教育的现状

进入 21 世纪，中国在经济全球化的背景下快速发展，中阿之间的政治、经济、文化交流日益密切，汉语作为全球化时代和多元化社会一门重要的语言，已经成为阿拉伯各国民众的共识，阿拉伯汉语教育因此进入了一个快速发展的阶段。目前阿拉伯各国学习汉语的人数已超过 8000 人，开设汉语专业或汉语课程的大学约有 120 所，开设汉语课的中小学有 250 多所，各类汉语培训机构 500 多家，教授汉语的教师近千人，这些现象表明，当前阿拉伯的汉语教育既有着以前零散的中文教育的痕迹，又融入了主流社会的汉语教育的特征，整个汉语教育事业正朝着更成熟、更有效的方向发展。这种健康的发展态势主要表现在如下几个方面：

首先是主流社会的汉语教育在迅猛发展。阿拉伯主流社会汉语教育近年发展迅猛，主要表现在两个方面：其一是阿拉伯各高等学校纷纷开设汉语课程，有的是设立汉语专业，有的是开设汉语选修课，以加强对汉语高级人才的培养。从 1958 年埃及艾因·夏姆斯大学中文系成立，到 2005 年伊斯兰堡孔子学院成立，再到 2010 年众多中小学开设汉语课程，阿拉伯汉语教育经历了从无到有、从小到大、从点到面的发展过程。从以前只有一所中文系，到今天有 20 多所大学和中小学开设汉语课程，阿拉伯及周边地区汉语学习者人数已有了成倍的增长，汉语教育基本覆盖了其国民教育体系的主要阶段。其二是阿拉伯各国采取汉语教育的改革措施。近年来阿拉伯各国结合自己的实际情况，逐步采取一系列汉语教学改革的措施，使汉语教学的内容、方法、教材等更趋于实用。在教学内容上，一些国家的汉语教学机构举办的汉语班（特别是短期班），以商业活动为主要内容的课程明显增多；在课程设置上，除了汉语基础课程外，还开设了与汉语有关的计算机、导游、经济类等实用型课程，以及商务、餐饮、文秘、师资培训等短期速成汉语课程。开罗中国文化中心于 2002 年 10 月在埃及首都开罗设立，作为中国在阿拉伯世界开设的第一个文化中心，中国文化中心每年开设 20 余期汉语培训班，致力于向埃及人民宣传与推广中国文化，发展中埃两国在语言、文学、教育和科学等领域的交流与合作，为汉语在阿拉伯世界的传播和发展构建了一个宽广的平台。①

其次是汉语进入阿拉伯及周边地区的国民教育体系。目前，阿拉伯及周边地区的汉语教育大都被纳入了所在国双语或多语教育的轨道，在这种情况下，汉语虽然只作为学校开设的一个科目，但却突出了其作为交际工具的实用价值和文化传播交流的功能，因此，当今阿拉伯及周边地区的汉语教育已经更多地表现为国民教育体系下的外语教学，汉语教育逐步进入当地的国民教育体系。埃及、土耳其、突尼斯等国在高校开始设置中文专业，阿拉伯一些国家还将汉语教育从大学延伸到中小学教育，并将它纳入国民教育体系。以埃及为例，埃及的艾因·夏姆斯大学、开罗大学、爱资哈尔大学、苏伊士运河大学等都开设了中文系或者中文专业。艾因·夏姆斯大学中文系拥有比较雄厚的本国汉语师资队伍，形成了本国培养汉语语言文学学士、硕士和博士的学历教育格局，目前在校本硕博学生超过 1000 人。尤为重要的是，该校于 1999 年成立的汉学研究所更推动着包括埃及在内的阿拉伯及周边地区的汉语教育与研究的发展。② 除高等院校中文系外，埃及教育部还决定把汉语作为中学的第二外语，埃及纳尔曼·伊斯梅尔中学于 2009 年开设了中文课，埃及学习汉语的中小学学生人数也在大幅增长。国家汉办 2005 年前后在埃及艾因·夏姆斯大学、土耳其奥坎大学和南非斯泰伦博什设立了汉语水平考试（HSK）考点。随着中国经济的发展和国际影响力的增强，在阿拉伯的华人也越来越重视汉语教育，阿拉伯华人开始创办自己的中文学校，向华人子弟和当地居民教授汉语课程。2012 年，中国驻埃及大使馆与埃及尼罗河电视台共同举办的尼罗河电视台汉语教育节目的开播，更将埃及汉语教育从传统教育推向现代媒体教育的新阶段。

此外，孔子学院正发挥着越来越重要的作用。孔子学院是在中国政

① 王有勇：《中阿教育合作的现状与未来——从中埃教育合作谈起》，《阿拉伯世界研究》，2006 年第 1 期。

② 邓时忠：《埃及艾因·夏姆斯大学汉语教学现状及发展思路》，《阿拉伯世界》，2004 年第 2 期。

府支持下发展起来的语言教育机构和文化交流平台，也是中国第一次有计划、有组织地“走出去”，深入社区传播汉语和中国文化的机构。全球100多个国家和地区，目前有超过350所孔子学院进行汉语教育工作，有300多所针对中小学的“孔子课堂”遍布世界各洲。据不完全统计，目前海外学习汉语的总人数已经超过4000万，汉语在很多国家已经成为仅次于英语的第二大外语。

中国国家汉办启动的海外孔子学院项目也先后落户阿拉伯及周边地区高校，2004年以来阿拉伯及周边地区已经开设11家孔子学院和1个广播孔子学院课堂，占孔子学院总数的1.3%。[①] 这些孔子学院的模式是阿拉伯所在国学校与中国高校合作共建。由于在阿拉伯及周边地区拥有孔子学院的中国高校，大多在汉语言和对外汉语教学方面都有很强的优势，可为阿方提供多种形式的汉语课程和教学资源，设立在阿拉伯各国的孔子学院积极开设各类汉语课程，编写适合所在国的汉语教材，在当地开展与汉语教育相关的各项活动，为阿拉伯汉语学习者提供更为方便的汉语学习条件，这些孔子学院已成为阿拉伯及周边地区各国推广汉语和中华文化的平台。

这些孔子学院在阿拉伯及周边地区营造了学习汉语和中华文化的社会氛围，引导着汉语教育逐步融入主流社会，从而有效地推动了当地汉语教育的发展。目前孔子学院已成为阿拉伯及周边地区汉语教育与中阿文化交流互鉴的重要平台，引领着阿拉伯汉语教育进入一个快速发展的新时期。2008年10月，阿拉伯孔子学院建设工作会议在北京召开，来自阿拉伯13个国家17所孔子学院和3所孔子课堂的院长及其所在学校的校长聚集北京，与15所中方合作大学的代表共同研究汉语教学与中华文化的传播。2009年10月，阿拉伯孔子学院联席会议在埃及首都开罗召开，中外代表就阿拉伯及周边地区孔子学院的建设现状、社会功能、外派汉语教师选拔等多项议题进行了交流与研讨。

① 阿拉伯及周边地区孔子学院包括埃及开罗大学孔子学院、苏伊士运河大学孔子学院、苏丹喀土穆大学孔子学院、阿联酋迪拜大学孔子学院、扎伊德大学孔子学院、黎巴嫩圣约瑟夫大学孔子学院、约旦安曼TAG孔子学院、摩洛哥穆罕默德五世大学孔子学院、哈桑二世大学孔子学院、巴林大学孔子学院以及突尼斯斯法克斯广播孔子课堂等。

孔子学院总部与中方合作院校对阿拉伯及周边地区孔子学院给予大力支持和帮助，先后投入300多万美元，赠送教材和各类图书音像制品等3万多册，支持阿拉伯及周边地区孔子学院的建设与发展。目前国家汉办派往阿拉伯及周边地区的公派汉语教师有83人，分布在16个国家26个教学单位（其中大学23所，中学或其他机构3个），汉语志愿者已近50名。①为了加快阿拉伯本土汉语教师的培养，2009年7月，国家汉办开设了阿拉伯汉语教师来华培训班，培养高水平、应用型的本土汉语教师，并向阿拉伯及周边地区提供孔子学院奖学金。到2015年，在阿拉伯及周边地区从事汉语教育的专兼职教师将超过1000人，汉语学习者预计能达到8万～10万人，未来阿拉伯汉语教育将迎来更快速、更广泛的立体化发展道路。②

总之，发端于早期民间零散式教学、已有几百年历史的阿拉伯汉语教育，历经波折，在当前世界各国掀起的汉语学习的热潮中，已经开始新一轮的繁荣。随着中国与阿拉伯各国的交流与合作日趋频繁，随着中国政治及经济实力的提升，随着汉语教学的经济价值日益增长，这股潮流发展的势头一定会越来越强劲，前景必然会越来越灿烂。

① 相关数据来自国家汉办网站。

② 根据孔子学院总部关于孔子学院2012—2015年发展目标，到2015年，全球计划增设140所孔子学院，总计500所，孔子课堂达到1000个，专兼职汉语教师和志愿者将达到50000人。根据上述数据推算，到2015年，阿拉伯及周边地区将另增设8～10所孔子学院，孔子学院将达到40所，增设孔子课堂60个，每所孔子学院的学生注册人数将达1000人。

第二章　阿拉伯汉语教育的国别化分析

在国际汉语教育中，把国别化纳入汉语教育的范畴，使得汉语教育具有针对性和类型性，具有非常重大的意义。国别是指在不同地理环境下所形成的不同的语言和文化圈，汉语教育的国别性是指针对不同区域实行的不同的汉语教育和研究，具体来说就是汉语教育需要适应所在国的国情、民情，根据特定教学环境和文化背景中特定的学习需求的不同，来选用教材和确定教学方法。

汉语走向阿拉伯世界既是中国发展的必然结果，也是中国和阿拉伯世界的共同需要。在汉语教育的主要场所已经从中国国内转到世界各地的今天，研究国别化教育已显得非常迫切，汉语教育的地域性和国别化越来越受到研究者的重视。[①] 然而长期以来，由于汉语教育主要在国内开展，人们的研究主要集中在对外汉语教育领域，甚至相当一部分研究属于汉语本体研究，与目前国际汉语教育的需求和汉语国际传播的形势存在较大差距。在对外汉语教育快速转型为国际汉语教育的今天，汉语教育的学科需要与时俱进，需要研究世界各地与汉语教育相关的问题，加强国别化的汉语教育研究，从而推动汉语又好又快地走向世界。

第一节　国别化与阿拉伯汉语教育的发展

随着我国经济实力的增强及国际影响力的不断扩大，“汉语热”在阿拉伯及周边地区与日俱增。阿拉伯及周边地区具有类似的语言和文化背景，拥有差不多的教育制度，对其开展国别化和类型性教学与研究对于教学效果的提高具有重要意义。此前已有相关文章介绍阿拉伯及周边地区的汉语教育情况，但还不够系统全面，不能反映阿拉伯汉语教育的

① 国别化的相关研究可参看甘瑞媛、张普：《国别化“对外汉语教学用词表”制定的研究：以韩国为例》，《语言文字应用》，2005 年第 2 期；张西平：《汉语国际推广中的两个重要问题》，《长江学术》，2008 年第 1 期；赵金铭：《教学环境与汉语教材》，《世界汉语教学》，2009 年第 2 期等相关文章。

最新面貌。本章将集中介绍阿拉伯及周边地区如埃及、土耳其、阿富汗等国家的汉语教育现状，介绍这些国家高等院校、中小学及孔子学院、孔子课堂的汉语教育情况，包括阿拉伯汉语教育的社会环境及语言环境、学习汉语的途径及方式、学习汉语的人数及动机、开设汉语及中国文化课的学校数目及其性质和层次、开设的有关课程和教材、汉语教育师资的来源等相关问题，以点带面地描述汉语教育在阿拉伯及周边地区的发展壮大情况及实际存在的问题，并在此基础上提出有建设性的对策。

一、埃及的汉语教育

埃及是地跨亚非两洲的四大文明古国之一，总人口 8670 万（2014 年数据），伊斯兰教为国教，其信徒主要是逊尼派，小部分人信奉基督教，还有少数犹太教徒。埃及的官方语言为阿拉伯语，由于历史的原因，英语、法语在埃及也被广泛使用。埃及主要民族为阿拉伯人、柏柏尔人和科普特人。埃及文化是具有非洲特点的阿拉伯文化，其间夹杂着黎凡特文化的特点，即法国、希腊、土耳其和叙利亚文化的混合体。埃及是阿拉伯世界的中心，是中东人口最多的国家，在经济、科技领域长期处于领先态势。埃及实行普及小学义务教育制度，全国共有基础教育（含小学、初中、高中和中等技术教育）学校 40 多万所，共有大学 34 所，其中公立大学 18 所，私立大学 16 所，著名的大学有开罗大学、亚历山大大学、艾因・夏姆斯大学、爱资哈尔大学等。

地处北非东部的埃及，自古以来就与中国保持着长期友好关系。近年来，随着中国经济的持续快速发展和对外开放的不断深入，世界各国汉语学习的需求急剧增长，汉语教育与汉语推广出现前所未有的发展势头，在埃及学习汉语成为潮流，政府和社会力量大力支持汉语教育的发展，汉语成为仅次于英语的第二外语，埃及也成了阿拉伯及周边地区汉语教育与推广热情最为高涨的国家之一。在汉语教育日益广泛、汉语国际推广越来越呈现出多样化趋势的今天，研究埃及的汉语教育与汉语推广工作，不仅能从一个侧面反映汉语国际教育与推广工作的成就，而且能为汉语国际推广健康持续发展提供有益的启示。

（一）埃及汉语教育的现状

从国别化来看，埃及已成为阿拉伯及周边地区汉语教育历史最悠久、规模最大、教学层次最完善、颁发学历最高的国家之一。从20世纪90年代起，中国从香港和澳门的顺利回归到加入世贸组织，从2008年的奥运会到2010年的上海世博会，中国经济的迅猛崛起，带来了国家地位的大幅提高，中国强劲的综合国力、广阔的发展前景，促进了全球范围“汉语热”的兴起，海外学习汉语的需求也与日俱增。在这种大背景下，汉语作为中埃贸易、中埃友好交往的载体，必然越来越受到埃及政府与民众的重视，汉语教育与汉语推广在埃及终于迸发出了蓬勃的生机。

能否在主流社会中进行汉语教育以及其范围和程度如何，这是我们衡量一个地区汉语国际推广程度的一个重要标准。在阿拉伯及周边地区的主流社会汉语教学方面，埃及是属于走在前面的。尽管中小学汉语教育尚在起步阶段，但埃及的“汉语热”势不可挡，汉语教育也呈现出一片欣欣向荣的景象，逐渐向大众化、正规化、教学形式多样化等方向发展。孔子学院是目前推广汉语教育的核心力量，在埃及社会的反响较大。开罗中国文化中心和中埃友协也参与了汉语教育的诸多活动，各类汉语教育机构在埃及呈现良好的发展势头。其中以埃及政府办学为主体的大学、以中国政府机构办学为主体的中国文化中心、以中国政府和埃及大学双方联合作为办学主体的孔子学院等三方力量承担了埃及汉语教育的主要任务。埃及现阶段汉语教育的快速发展主要体现在以下几个方面：

首先是埃及高校的汉语学历教育发展迅速，大学作为培养汉语学习者和汉语教师的基地，增加了汉语传播的广度和深度。据埃及教育部提供的资料，到2010年年底，开设汉语课程的埃及高校已达十余所，约占埃及全部高校总数的三分之一，其中艾因·夏姆斯大学、爱资哈尔大学、开罗大学、苏伊士运河大学、埃及科技大学、明尼亚大学、法鲁斯大学、开罗高等语言翻译学院等8所高校先后开设了中文系及中文专业，在校学生近3000人。（见图2-1）其中艾因·夏姆斯大学中文系、开罗大学中文系正逐渐成为中东地区重要的汉语教学中心和基地，发挥着重要的辐射作用。①

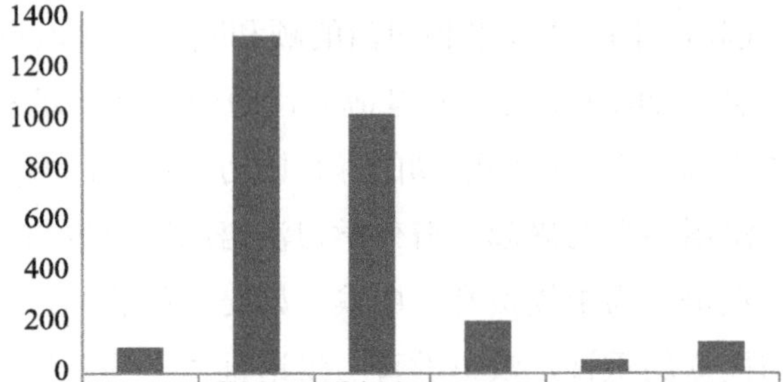

	开罗大学	艾因·夏姆斯大学	苏伊士运河大学	艾资哈尔大学	埃及科技大学	扎卡济克大学
学生数量（人）	100	1300	1000	200	50	120

图2-1　埃及高校学习汉语的学生人数统计

从图2-1可以看出，埃及高校的汉语教育主要有以下几所高校承担:（1）艾因·夏姆斯大学于1958年在语言学院建立中文系，有藏书近10万册的中文图书馆，以及现代化的语音实验室和多媒体电教室，其规模在阿拉伯及周边地区首屈一指。（2）苏伊士运河大学2006年9月成立中文系，聘请了埃及艾因·夏姆斯大学教师担任系主任，课程设置和教学沿袭艾因·夏姆斯大学的方法。（3）开罗大学2004年在文学院建立了中文系，其中文教学分为本科、研究生两个层次。（4）扎卡济克大学亚洲研究学院近期创办了中文系，已经有120多名汉语专业本科学生。（5）闻名阿拉伯及周边地区的最大的伊斯兰教大学——艾资哈尔大学也于1994年成立了中文系，从2001年开始招生，以教授中国文化和宗教课程为主。（6）埃及旅游学校、法犹姆大学等一些学校也开设了汉语选修课程。此外，埃及南部的明尼亚大学也即将建立中文系，阿斯尤特大学等几所高校都有兴办中文专业的意向。

① 图2-1中开罗大学包括本科和硕士学生，艾因·夏姆斯大学包括本科、硕士以及博士学生，其余大学仅包括本科学生。

埃及政府及高教部也十分重视汉语教育，并大力支持中文专业的兴办。开罗大学中文系具有硕士教学资格，艾因·夏姆斯大学具有汉学博士学位授予权，也拥有埃及最雄厚的本土汉语师资力量。（见图 2-2）各大学开设的汉语课程种类多样，有普通汉语课程、商业汉语课程、外语教学课程（汉语），还有各校根据自身特点开设的特色汉语课程，如办公汉语、服务业汉语、护士专业汉语、旅游管理汉语等。这些多姿多彩的汉语课程，不仅使我们看到了埃及高校在汉语教育方面的特色，也使我们感受到了汉语教育在埃及高校日趋普及的势头。

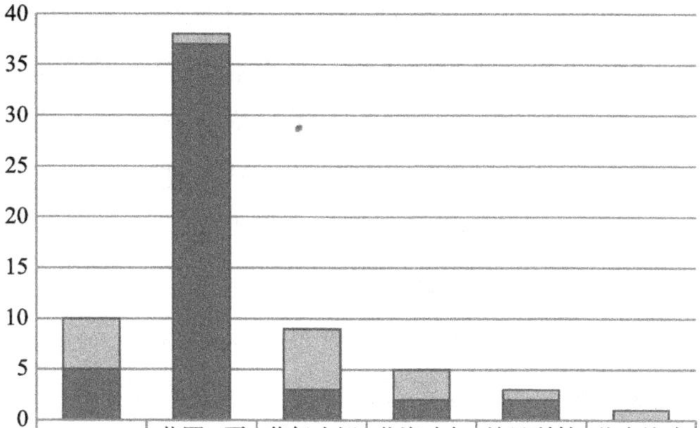

	开罗大学	艾因·夏姆斯大学	苏伊士运河大学	艾资哈尔大学	埃及科技大学	扎卡济克大学
中国教师数量（人）	5	1	6	3	1	1
非中国教师数量（人）	5	37	3	2	2	0

图 2-2　埃及高校汉语教师的人数统计

其次是基础教育阶段的汉语教育开始步入正轨。随着“汉语热”的持续升温，埃及汉语教育正逐渐从高等教育向中等教育和基础教育延伸。埃及教育部近年下发文件，决定把汉语作为中学的第二外语。[①] 这一教育政策的出台有力地促进了埃及主流社会中小学的汉语教育发展，埃及各公立、民办学校竞相开设汉语课程，到 2010 年年底，埃及开设汉语课程的中小学共有 100 多所。埃及主流社会中小学汉语课程的开

① 杜芳、王松岩：《埃及汉语教学发展概况、存在的问题及对策》，《国际汉语教学动态与研究》，2008 年第 1 辑。

设，使日益高涨的汉语教育更加朝气蓬勃。由中国援建的埃中友好示范学校于2008年9月交付使用，该校集学前班、小学、中学于一体，可容纳42个班级约1500名学生。埃中友好示范学校项目由埃及规划与国际合作部纳佳部长提议，中方援助全部约375万美元建设资金，该校是埃及，也是整个阿拉伯及周边地区的第一所中文学校，办学宗旨是“培养一代会讲中文、了解中国文化、理解中国社会的埃及中小学学生，他们将会更好地服务埃及与中国的政治、经济交往”。[①] 此外埃及的一些私立学校也开始开设中文课程，比如纳尔曼伊斯玛尔学校，选修中文的学生不仅有一到三年级的小学生，更有幼儿园的儿童。

同时，埃及还出现了一些各具特色的汉语培训机构。20世纪90年代后，随着埃及“汉语热”升温，应社会各类人群学习汉语的需要，埃及各地出现了不少汉语培训机构，从而使汉语教育在非学历教育领域也得到了发展。这类机构主要是根据当地求职市场的需求应运而生的，汉语在埃及的需求度不断增大，主要是由于两类人员增多：一类是随着中国经济的发展，与中国进行贸易往来的商人；另一类是因大量中国人来埃及旅游所需要的汉语导游。这些汉语培训机构一般由个人或社会团体开办，规模大小不一，办学形式灵活多样，开设的班级根据时间可分白天班、晚上班、周末班；根据学员年龄可分儿童班、成人班；根据程度可分初级班、中级班、高级班。开设的课程门类也很丰富，有会话课、阅读课、翻译课、商贸汉语课等，有的在开设汉语课之外还开设了中国歌曲、汉字书法、中国国画之类的文化课程，学员可根据自己的兴趣爱好自由选择。

埃及的“汉语热”现在正处于高峰期，学习汉语的人数在不断增加。埃及开罗中国文化中心开设10年来，已开办3个月一期的普通汉语培训班26期，开办导游汉语、商务汉语、中文电脑、汉字书法等专题培训班8期，培训学员5000多人次，为汉语在埃及的推广做出了重要贡献。除了汉语培训班以外，开罗中国文化中心还开设了武术班，已

① 参见中国商务部网站，2011年3月25日。

招生16期，深受埃及武术爱好者以及年轻人的喜爱。此外开罗中国文化中心在中国驻埃及大使馆的支持下，举办一年一度的“大使杯汉语歌曲比赛”和“大使杯说汉语讲故事比赛”，截至2012年已分别连续举办8届和7届。[①]由于中埃贸易的发展和到埃及旅游的中国人日益增多，对汉语翻译人才的需求特别大，作为热门职业的中文导游成为埃及收入最高的职业之一。埃及汉语师资的缺口也在不断增大，汉语教师供不应求，很多高校汉语教师在校外兼职教汉语，有的大学生还没有毕业就在校外开设汉语辅导班，客观上对汉语发展也起到了推动作用。

此外，埃及的孔子学院成为汉语教育的中坚力量。埃及汉语教育的主要承担者除了以埃及政府办学为主体的大学、以中国政府机构办学为主体的中国文化中心之外，近年来还在孔子学院总部（中国国家汉办）的领导和支持下，增加了由中埃两国大学合作建设的孔子学院。孔子学院（包括孔子课堂）并不是真正意义上的语言学校，它更多的是作为中国文化面向全球传播的载体和文化展示的平台，所进行的是一种“非强势文化”的跨文化传播活动。尽管如此，埃及的孔子学院在汉语教学和汉语推广方面仍功不可没。2007年和2008年，开罗大学孔子学院和苏伊士运河大学孔子学院先后挂牌成立，开启了孔子学院落户埃及的序幕，两所孔子学院顺应当地急需汉语人才的形势，使更多埃及民众得到了汉语培训的机会。埃及建立了两所孔子学院，是中国在阿拉伯及周边地区开设孔子学院最多的国家。据孔子学院中方院长提供的数据，开罗大学孔子学院每学期大约招收260人，2011年在校生近400人；苏伊士运河大学孔子学院每年学员在200～700人不等，并逐年增长。至2013年5月，5年来注册学员达2400余人。埃及的孔子学院充分利用自身的优势，开展了丰富多彩的汉语教学和文化活动，成为推广中国语言文化的重要场所。他们或开办短期汉语培训班，为满足埃及本土人士的需求服务；或开展各种语言文化交流活动，提供中国教育、文化等信息的咨询等。这些活动为埃及汉语教学的开展提供了有力的支撑，特别

① 参见《播撒中埃友谊种子的使者——记埃及中国文化中心》，《光明日报》，2012年7月19日。

是在埃及中小学汉语师资的培养和汉语教材的编写方面，孔子学院起了不可低估的作用。

埃及的汉语教学方式也开始从传统面授教学走向了电视教学。虽然埃及有十多所大学开设了中文课程，但仍不能满足埃及人民学习汉语的需求。埃及首套汉语教育节目的开播就是在此形势下应运而生的。该节目于 2012 年 11 月开始通过尼罗河电视台教育频道正式向中东地区播送，每周播出四次，每次 30 分钟。埃及目前约有 5 万至 10 万户家庭能够收看到这套通过卫星电视频道播出的汉语教学节目，在中东地区收看该教学节目的家庭预计高达 100 万户左右。尼罗河电视台汉语教育节目的开播是中埃双边文化交流的最新成果，将使汉语教学进入更多的埃及家庭，进而推动两国友好关系的发展。

（二）埃及汉语教育目前存在的问题

埃及目前的汉语教育开展得如火如荼，埃及人学习汉语的热情空前高涨。但如果冷静下来做一些深层次审视，就不难发现，埃及的汉语教育仍有一些值得思考的问题，其中最使人费解的是：埃及有着上百年的汉语教育历史，近 20 年“汉语热”又不断升温，学习汉语的人数在阿拉伯及周边地区又首屈一指，但为什么汉语教育的效果总是不明显？埃及人学汉语的水平总是上不去？这种现象的背后必然存在着某些影响汉语教育的原因。我们认为，直接影响埃及汉语教育发展的原因主要有以下两个方面：

首先是没有统一完善的汉语教学大纲。埃及的汉语教育虽然初步形成了从小学到中学再到大学这样一个层级系统，但该系统缺乏一定的规范性，还很不完善。这种不规范具体表现为：由于埃及教育部至今没有出台一套完备的汉语教学大纲，各级各类学校对汉语教育的课程设置、选用的教材、考核的标准等都没有统一的要求，由各校自主决定，各自为政。各学校自己制定教学评估标准，自主安排汉语课的课时。学生随着升学或转学，新就读学校汉语课很可能与原学校大相径庭，这种情况就会造成学生学习的紊乱甚至中断，以致一些学生升到大学学习中文专业了，汉语水平还是初级。也正是这个原因，埃及各种培训机构初级班最为火爆，到中级班学生则寥寥无几，高级班就更少得可怜了，这种“一年又一年，年年在初级”的怪现象，已经严重地影响了埃及汉语教育的成效，阻碍了埃及汉语教育工作的发展。

其次是师资严重匮乏。师资不足问题是阿拉伯各国汉语教育中具有普遍性的问题，埃及也不例外。近几年汉语教师的数量虽有所增加，但由于埃及汉语教育发展迅猛，汉语师资匮乏情况仍没有得到根本的解决，具体表现为三个方面：

其一是汉语师资成分复杂。埃及的汉语教师成分很复杂，除了埃及本土教师之外，外来的有中国汉办派出的志愿者，中国侨办派出的教师，中国台湾地区“侨委会”派出的志工，还有少数出于经济上的原因到埃及谋职的教师。复杂的教师队伍虽有其有利的一面，比如可以使汉语课堂教学风格多样化等，但教师结构的复杂性必然会带来不少的弊端，其中最突出的就是师资队伍不稳定。外来的教师，包括志愿者在内，他们在埃及待的时间都不长，一般都是一年一换；本土的特别是埃及高校中文专业的毕业生，又往往嫌工资低，不愿长期在学校从事汉语教育工作，在学校教一两年就转谋其他职业，所以埃及学校汉语教师每年的更换率高达一半。

其二是数量明显不足。造成数量不足的原因主要有两个方面：一方面是埃及近年对汉语教师的需求量过大。目前埃及开设汉语课的学校已经接近百所，此外还有一定数量的汉语培训机构，现有的师资已经远远不能满足。另一方面，教师人数特别是本土教师在数量上严重匮乏。在本土教师中，要么是年过花甲的老教师，年龄、精力的限制使他们无力再承担每周十几课时的教学任务；要么就是近年才走出大学校门的年轻人，他们年富力强但又难安心于教师岗位。中国这些年虽每年都派出不少志愿者，但毕竟还是数量有限。这些就导致了目前埃及教师数量与需求之间的矛盾。

其三是教师水平参差不齐。中国派出的志愿者专业基础都比较扎实，但大多刚从大学毕业或还是在读硕士，普遍缺乏教学经验，初期的教学效果都不太理想，后期稍稍适应又要离任。自行来埃及谋职的教师水平参差不齐，埃及本土教师中年龄大的语音普遍不标准，刚刚毕业的汉语水平也不是很高。

（三）关于埃及汉语教师本土化的建议

经过20多年的发展，埃及的汉语教育与阿拉伯其他国家不一样，有着其自身明显的特点。这些特点有的体现了埃及汉语教育的成就，有的则暴露了目前埃及汉语教育存在的问题，其中师资本土化问题成为制约埃及汉语教育的重要因素。自2003年国家汉办向埃及派遣志愿者教师以来，埃及汉语教师紧缺问题得到了一定程度的缓解，但是我们还必须看到，仅靠汉办输送志愿者，只能解一时燃眉之急，不是长久之计，要从根本上解决埃及汉语师资匮乏问题，出路只有一条，那就是帮助埃及实现汉语教师本土化。要实现师资本土化，可以考虑以下几种方式：

首先要充分发挥孔子学院的作用。培训当地师资队伍是孔子学院的主要任务之一，目前埃及有两所孔子学院，分布在埃及东北及中南地区，完全有能力承担埃及本土教师培养的任务。以前埃及各孔子学院也做了不少这方面的工作，但多数是在职教师的短期培训，在这种培训模式中，被培训者重视程度不够，时间也偏短，所以成效不很明显。如果能与埃及教育部合作，以高中毕业生为招生对象，直接开设汉语教育专业，用类似于中国师范类的教学模式进行专业培养，毕业后规定他们在中小学任教的年限，这样埃及本土教师的比例就会大幅度地提高，汉语师资紧缺的问题也会得到缓解。

其次，继续实施“请进来，走出去”的策略。从21世纪初开始，中埃双方都在认真实施“埃及汉语教师培训计划”。从2000年至今，中国政府每年都向埃及汉语教师提供10名到中国高校进修的名额，一直没有间断，而且名额还在不断增加。同时，中国国内不少高校与埃及大学都有合作办学的关系，这些中国高校也都不定期举办埃及教师汉语进修班，因此可以继续利用将埃及老师“请进来”的形式，既可提高他们的汉语水平，又能加深对中国的了解，与此同时中国高校也可以派出老师到埃及对埃及本土教师进行短期培训。这些做法在解决师资本土化问题上成效显著，对埃及本土教师的培养具有重要的积极意义。

历史上，中埃交往源远流长，当今，埃及的汉语教育已经进入一个飞速发展的时期，埃及高校、中国文化中心和孔子学院以满足埃及民众学习汉语的实际需求、增进埃及人民对中国语言文化的了解为宗旨，有计划、有针对性地面向各界人士开设各类汉语课程，开展丰富多彩的中国文化宣传和中埃文化交流活动。这些举措不仅加深了埃及人民对中国语言和文化的了解，增进了两国人民的友谊，而且营造了汉语学习的浓厚氛围，促进了汉语教育在埃及的发展。尽管埃及汉语教育的发展还存在着一些不利因素，但随着中埃两国政治、经济、文化、教育往来的日益加深，埃及的汉语教育一定会迎来更加辉煌的明天。

二、土耳其的汉语教育

土耳其共和国是横跨欧亚两洲的国家，面积约 78 万平方公里，人口约 7000 多万，其中土耳其族占 80% 以上，库尔德族约占 15%。土耳其居民中 99% 信奉伊斯兰教，大多数属逊尼派，只有 1% 的人口信奉亚美尼亚东正教、希腊东正教、犹太教及天主教。土耳其的官方语言是土耳其语，还有库尔德语、扎扎其语、阿泽里语、卡巴尔达语等语种。全国现有大约 820 所各类教育机构，分为国立与私立两类，国立大学自 2012 年起开始实施免费教育，中小学实施 6 到 14 岁的 8 年义务教育。土耳其虽为亚洲国家，历史上与中亚诸国有着亲密的血缘和文化关系，但是 20 世纪初沦为半殖民地之后，土耳其在政治、经济、文化等领域均实行欧洲模式，是欧盟的候选国，因此土耳其外交重心在西方，在与美国保持传统战略伙伴关系的同时，也在加强与欧洲国家的经济外交关系。

长期以来，中土两国一直保持着友好合作关系。20 世纪 70 年代中土建交后，两国的文化交流与合作关系也不断发展。1993 年，中土两国签署了政府文化合作协定，交流项目包括文化、体育、教育、新闻等领域。随着中土文化交流的日益频繁，土耳其人学习汉语的热情得到激发，土耳其汉语教育现状引起了有识之士的关注。

（一）土耳其汉语教育的现状

土耳其汉语教育始于20世纪三四十年代。在20世纪90年代，随着中国经济的迅速发展，土耳其自下而上地掀起了一股学习汉语的热潮，为汉语在当地的推广奠定了广泛的社会基础。近10年来，随着中土两国经贸文化交流的进一步深入以及两国政府的积极推动，中土两国关系日益紧密，高层互访不断，两国政府都对汉语教育给予了充分的重视和支持，土耳其学校中的汉语教育也逐渐兴起并迅速发展，土耳其汉语教育呈现出向全面与纵深发展的态势。

首先，土耳其汉语教育主要集中在土耳其高校的汉语学历教育这部分。土耳其高校的汉语教育最早始于20世纪30年代，安卡拉大学史地文学院1935年响应凯末尔总统的号召设立了汉语系，主要从事历史语言学的研究，以古代汉语和文化研究为特色，这是土耳其高校中汉学研究历史最悠久、开设汉语课程最早的大学。此后几十年，没有其他土耳其高校跟进。

但到20世纪90年代后，随着中国国际地位上升，土耳其高校的汉语教育不断发展壮大，高校学习汉语的人数每年都在增加，特别是近几年增加更快，土耳其已有5所大学开设汉语专业，分别是安卡拉大学（1935）、法提赫大学（1996）、埃尔吉耶斯大学（1998）、奥坎大学（2005）、伊斯坦布尔大学（2011）。安卡拉大学是以汉学研究和古代汉语教学见长的。安卡拉大学汉学系从1935年到1978年教授的都是古代汉语，汉学系建立之初的目的是用古代汉语的资料来研究土耳其人（即古代突厥人）的历史。汉学系1979年以后开始教授现代汉语，开设的课程有语音课、语法课、汉字课、口语课、写作课、翻译课、历史课、文学课及哲学课等课程。从教学方法上看，土耳其大学汉学系在教学内容方面比较自由，每门课由主讲教师自己选择教材并决定上课的内容。在课程讲授时，一般由土耳其教师用土耳其语讲授中国文化和历史、听力、语法、汉字、阅读、汉土翻译等课程，而为了使学生的发音和词汇使用更加地道，语音、口语、写作等课程由中国教师讲授。[①]在教学内容上，除了把汉语作为外语来开设外，该校还根据自己的学科特点开设特色汉语课程，如商务汉语、旅游管理汉语等。

伊斯坦布尔的法提赫大学汉语系建立于1996年，开设的汉语课程包括口语、写作、阅读、听力和翻译等。奥坎大学于2005年建立了汉语翻译系，开始教授汉语。中东技术大学于2008年11月在安卡拉校区和北塞浦路斯新校区各有一个汉语教学点，将汉语教学从安卡拉延伸到了北塞浦路斯。在安卡拉和伊斯坦布尔两大城市之外，位于中部城市开塞利的公立埃尔吉耶斯大学于1998年建立了汉语系，开设了语音课、口语课、语法课、阅读课、听力课、汉字课、写作课及翻译课等课程，由本土教师和中国教师担任教学，约有140名学生。埃尔吉耶斯大学汉学系拥有一个藏书1500册的小型图书馆，也能看到中国电视台的卫星电视，设施均为中国政府捐赠。[②]位于土耳其北部黑海岸边撒姆松的5—19大学，亦设有汉语教学点。上述5所大学开办的汉语系都是四年制本科学历教育，课程设置较完善，包括听、说、读、写、译等方面的语言技能课和中国文化、中国历史等方面的语言知识课。在师资力量上，每所大学都有2～5名中国教师，有的中国教师甚至能说流利的土耳其语，同时也有土耳其的本土汉语教师。（见表2-1）

表2-1　土耳其主要汉语教育机构统计

学校名称	开设汉语课时间	课程性质	所在地	大学性质
安卡拉大学	1935年	专业课	安卡拉	国立
中东技术大学	2008年	选修课	安卡拉	国立
埃尔吉耶斯大学	1998年	专业课	开塞利	国立
海峡大学	2010年	选修课＋培训课	伊斯坦布尔	国立
伊斯坦布尔大学	2011年	选修课	伊斯坦布尔	国立

① ［土耳其］阿里·爱登：《土耳其汉语教材的本土化研究》，见《第二届汉语国际传播学术研讨会论文集》，北京：中央民族大学出版社，2013年，第20页。
② 施宝义：《土耳其的汉语教学》，《世界汉语教学》，1989年第3期。

（续表）

学校名称	开设汉语课时间	课程性质	所在地	大学性质
法提赫大学	1996 年	专业课 + 选修课	伊斯坦布尔	私立
奥坎大学	2005 年	专业课	伊斯坦布尔	私立
5—19 大学	2010 年	培训课	萨姆松	国立
佳蕾小学孔子学院	2008 年	选修课	安卡拉	私立
Lotus 语言中心	2001 年	培训课	伊斯坦布尔	私立
Calm 教育中心	1992 年	培训课	伊兹密尔	私立

随着土耳其政府对汉语教育政策的逐渐开放和中土两国关系的良好发展，土耳其人特别是年轻人开始认识到汉语在拓宽个人发展和职业规划空间上的重要性，在各类学校中选修汉语的学生数量也在不断增长。目前，土耳其学习汉语的人数日益增多，每年有近百名主修汉语专业的大学生，毕业后他们或者到中国学校继续深造，或者在土耳其外交、商业、学校等政府和民间机构任职。[①] 土耳其学习汉语的人数由过去的数十人增加到数千人，这无疑是一种飞跃。（见图 2-3）虽然目前与其他阿拉伯国家相比，土耳其的汉语学习者总量还不大，但增长速度令人吃惊。[②]

其次，除了汉语学历教育之外，土耳其还有各类汉语培训机构和孔子学院承担着汉语教育工作。随着中土经贸关系快速发展，目前汉语已被列入土耳其公立高中课程和中小学外语选修课程，现在土耳其已有 7 所公立高中开设了汉语课程，开设中文课程的中小学有 20 多所，开设汉语班的社会团体有数十家。另外还有一些私立中小学把汉语作为第二外语，打破了以往英语“一统天下”的局面。私人开设的汉语培训机构也出现在伊斯坦布尔等大城市。在各类汉语培训中心中，比较有影响的有安卡拉 AGS 公司投资开办的汉语语言教学文化研究中心及私人开办的“中土文化教育语言咨询服务机构”等几家，其中“中土文化教育语

① 刘军：《土耳其汉语教学的发展与困境》，《国际汉语教育》，2012 年第 2 期。

② 开设汉语专业的大学，统计人数为当年招生人数；其他未开设汉语专业的学校，统计人数为当年选修汉语课程的人数。

言咨询服务机构”聘请中国教师教授中文，每期约有100多名土耳其学生注册学习汉语。这些培训班都以市场为导向，教学内容非常灵活。有的学生是在大学的汉语系学习了汉语以后，暑假再到培训班进一步充电；也有的是因为跟中国人做生意，需要学习一些汉语以方便交流。另外，安卡拉以26种外语广播的土耳其之声广播电台，每天有一个小时汉语时段，栏目内容以新闻为主，播报各报纸的新闻摘要，介绍土耳其旅游等各个方面的情况。土耳其之声广播电台每年都会举办一次汉语征文比赛，在推广汉语中起着重要作用。

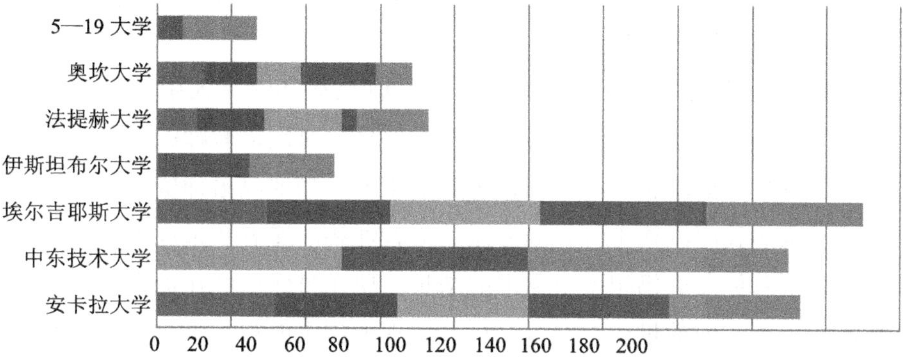

	安卡拉大学	中东技术大学	埃尔吉耶斯大学	伊斯坦布尔大学	法提赫大学	奥坎大学	5—19大学
2006年	32	0	30	0	11	13	0
2007年	33	0	33	0	18	14	0
2008年	35	50	40	0	21	12	0
2009年	38	50	45	25	4	20	7
2010年	35	70	42	23	19	10	20

图2-3　2006—2010年土耳其学习汉语的学生人数统计

近年来土耳其教育部门对汉语教育越来越重视，中国国家汉办也十分重视和支持土耳其汉语教育事业的发展。根据双方签署的协议，由厦门大学和上海大学与土耳其中东技术大学和海峡大学合作，分别于2008年和2010年在安卡拉和伊斯坦布尔成立了孔子学院。2008年以来，由孔子学院组织的“世界大学生汉语桥比赛”，成为土耳其推广汉语、促进汉语教育的重要活动。两家孔子学院虽然成立不久，但积极开展中土教育、文化等方面的交流与合作，在汉语教育、汉语教师培训、提供教学资源与中国教育信息咨询、开展汉语考试和提供留学服务等方面都做出了贡献。

（二）土耳其汉语教育目前存在的问题

近年土耳其汉语教育呈现出快速发展的景象，但我们也要清醒地看到，其中还存在着诸多不完善的因素，潜在地制约着它的发展，集中到一点，就是目前最突出的“三教”问题，即教师、教材、教法三方面的问题。在教师、教材方面，国家汉办提出“一无两有”，即凡是开设汉语课的地方都没有盲点，一定要有国家汉办派出的教师或者培训过的教师，要有相适应的教材。

首先，从汉语师资的数量来看，目前土耳其除了大中小学外，还有相当数量的汉语培训机构等社会办学力量，对汉语教师的需求量也很大，而且呈逐渐增长的趋势。过去若干年中，当地汉语师资队伍发展较缓慢，虽然我国派往土耳其的公派汉语教师和志愿者数量逐年增加，但师资队伍总体发展仍跟不上需求的增长。现在虽然已经在加大培养本土教师的力度，但数量还是很少，培养的规模和进度与需求相比还远远不够，教师短缺的问题依然很严重。从长远考虑，本土教师和中国籍教师呈 2∶1 的比例是比较理想的状态。目前土耳其在职汉语教师中，本土教师只有 11 位，占 27.5%，本土教师比例偏低，这将严重制约和影响土耳其汉语教育的深入发展。

其次，从汉语师资的质量来看，孔子学院教师和公派汉语教师虽然都是国内的大学老师，但毕业于中文专业、汉语国际教育专业及相关专业的教师并不多，有对外汉语教学经验的教师就更少，只占 30% 左右。而志愿者大多是大学毕业生或在读硕士研究生，其中有的是语言专业，也有的是其他文科专业，对汉语教育并不熟悉。由于语言上的障碍和环境不适应等诸多因素的影响，他们初期的教学情况大都不是很理想，等经过约半年的适应期后又快要离任了。而那些从中国自行来土耳其谋职的人员和土籍华人的教学水平则参差不齐。

此外，从教材因素来看，土耳其目前使用的主要是中国编写出版的汉语教材，种类繁多，但针对母语为土耳其语的学习者编写的教材却少之又少，目前仅有《当代中文》《跟我学汉语》《快乐汉语》等少量教材有土耳其语版，且往往只有入门级别，缺乏后续教材。由于没有统一规范，各校自主权很大，在教材的选用上各行其是。（见表 2-2）

表 2-2　土耳其汉语教材使用情况

学校名称	教材名称	作者	出版社
安卡拉大学	新实用汉语课本	刘珣	北京语言大学出版社
	汉语教程	杨寄洲	北京语言大学出版社
中东技术大学	长城汉语	编写组	北京语言大学出版社
	新实用汉语课本	刘珣	北京语言大学出版社
埃尔吉耶斯大学	博雅汉语	李晓琪	北京大学出版社
	当代中文	吴中伟	华语教学出版社
海峡大学	跟我学汉语	陈绂、朱志平	人民教育出版社
	长城汉语	编写组	北京语言大学出版社
伊斯坦布尔大学	博雅汉语	李晓琪	北京大学出版社
	快乐汉语	李晓琪	人民教育出版社
奥坎大学	汉语教程	杨寄洲	北京语言大学出版社
	汉语听力教程	胡波	北京语言大学出版社
	汉语阅读教程	彭志平	北京语言大学出版社
5—19 大学	新实用汉语课本	刘珣	北京语言大学出版社
佳蕾小学孔子课堂	快乐汉语	李晓琪	人民教育出版社

（三）关于土耳其汉语教育的建议

首先要继续中土两国多方面、多领域的往来合作。加强中土两国的经贸文化关系，可以让学习者在生活中切实体会到学习汉语的好处。由于近年来越来越多的土耳其华人开办的公司倾向于聘用懂汉语的员工，他们也更愿意与当地懂汉语的土耳其人有生意往来，这就使得土耳其大学生为了在日后的求职和经商过程中获得更大的便利而选择学习汉语。

据调查，多数土耳其人学习汉语是出于对将来择业的考虑，他们希望能够在中土两国经济、贸易合作中获得就业机会，成为中土两国外交、经贸及文化交流工作的使者。他们有的学习汉语是想成为翻译或土耳其本土汉语教师，有的学习汉语只是出于到中国旅游或是经商的需要，还有的只是单纯因为喜欢中国文化，而自发地想要更加了解中国、了解汉语等。无论出于何种原因，土耳其人学习汉语都是为了能在生活中“学以致用”，因此为了实现学习者的这一目标，就必须加强中土两国在各方面的交流与合作。

其次要优化汉语教师队伍，提高教师素质。在土耳其从事汉语教育的教师队伍非常复杂。从文化程度上看，从中学毕业生到博士都有，学历跨度很大；从教师的身份上看，有来自中国大陆的新移民或是专职公派教师，有土生土长的华裔居民，也有来自港澳台地区的移民或是教育工作者；从专业上看，有中文、神学、法学、农学等不同的专业背景，而师范类院校毕业或是汉语专业出身的教师所占的比例却很小。因此，如何提高本土教师的教学素质和教学水平是一个迫在眉睫的大问题。一方面，可以考虑聘请有经验的督导教师进行长期的本土教师的指导和培训，聘期 2 ～ 3 年，以保证培训的连贯性、系统性以及教学指导思想和教学模式的统一性。另一方面，本土教师培训班要长期办下去，以保证教师教学内容和教学模式的统一性，短期的培训和专题讲座在内容上应注重实用性和前瞻性。此外，还要加强土耳其本土教师与中国教师多形式的交流与合作，为本土教师提供更多到中国学习和培训的机会，以掌握最新的汉语教育信息、动向，以及汉语发展的新变化。同时，还应该增加汉语推广的志愿者和公派教师的数量，使本土教师、公派教师和志愿者这三种力量共同努力，保证汉语教育工作更加合理、有序、高效地进行下去。

此外也要增强对土耳其学生的汉语推广活动。土耳其学生对于学习汉语的热情度和新鲜感相对较高，针对土耳其学习者的汉语教育不仅要传播汉语语言方面的知识，更要注重传播如历史、地理、文化和传统习俗等各个领域的知识，以满足他们对汉语的求知欲。

一般来讲，对阿拉伯学生的汉语教育最主要的途径是课堂教学，通过课堂教学的方式推广汉语，规律性强，效果较明显，在课堂常规教学的基础上，还要积极组织开展各类汉语活动，调动学习者的学习热情。近年来，在中国驻土耳其大使馆和驻伊斯坦布尔总领事馆的大力支持下，土耳其高校与中方企业积极配合，鼓励学生观看和参加孔子学院总部（国家汉办）组织的“汉语桥”活动，让学生更深刻地了解中国文化，了解中国国情，增加学习汉语的乐趣。土耳其大学生“汉语桥”比赛成绩喜人，参加比赛的学员语言功底较为扎实，表演节目形式多样，充分展现了他们对中国文化的理解。“土耳其之声”广播电台每年都会举办一次中文征文比赛，对于推广汉语有着重要作用。孔子学院还组织土耳其大中小学生赴中国参加夏令营活动，让学生有更多的可以体验以及亲身感受中国文化、学习汉语的机会。总之，举办形式多样的语言与文化活动目的在于提高土耳其学生运用汉语实际交流的能力，同时提升汉语在土耳其本土的影响力，以创造良好的汉语教育的舆论氛围。

在阿拉伯各国中，土耳其在汉语推广方面有一定的特色，也有一定的代表性。土耳其的汉语教育源远流长，虽几经曲折，却始终在不断壮大。当今中国国势正日益强盛，只要坚持不懈地努力，土耳其的汉语教育一定会迈上新的台阶。

三、突尼斯的汉语教育

突尼斯共和国是北非拥有悠久历史和古老文化的马格里布国家①，西与阿尔及利亚为邻，东南与利比亚接壤，东面和北面临地中海，与意大利西西里岛隔海相望，国土面积为 16.4 万平方公里，人口约 1073 万（2012 年数据）。突尼斯绝大多数人是伊斯兰教信徒，只有极少数人信奉天主教、犹太教，主要民族是柏柏尔人、腓尼基人、罗马人和阿拉伯人等，官方语言是阿拉伯语，由于曾受法国殖民统治，法语也是其通用

---

① 马格里布指非洲西北部地区。古代原指阿特拉斯山脉至地中海海岸之间的地区，也包括穆斯林统治下的西班牙部分地区，后逐渐成为摩洛哥、阿尔及利亚和突尼斯三国的代称。该地区传统上受地中海和阿拉伯文化影响，同时也与撒哈拉沙漠以南的非洲地区有着密切的贸易往来，因此形成了独特的文化。

语言。由于历史、地理和经济等原因，突尼斯人历来有学习和使用外语的习惯，相当多的人可应用多种外语进行交流。

中国与突尼斯于1964年建交，虽然突尼斯汉语教育开始于20世纪70年代，但由于历史的原因及突尼斯对汉语重视程度不够，我们目前对突尼斯的了解，特别是对突尼斯汉语教育情况的了解，相对于阿拉伯其他国家要少得多。因此，了解突尼斯汉语教育的情况，特别是汉语教育的现状，对突尼斯汉语教育的进一步发展，还是有着积极的现实意义的。

（一）突尼斯汉语教育的现状

首先是突尼斯高校的汉语学历教育。在全球化的过程中，随着中国经济的快速发展，突尼斯社会对汉语人才的需求也急剧增长。这种需求导致突尼斯高校的中文专业成了热门专业，越来越多的突尼斯人选择中文作为专业或辅修专业。据统计，目前突尼斯开设中文专业或以汉语为第二外语的大学有十多个，一些没有中文系或中文专业的高校，大都把汉语作为主要的外语选修课来开设。可以说，突尼斯高等教育汉语课程的增加，推动了突尼斯汉语教育的发展。

突尼斯大学布尔吉巴语言学院于1977年开始开设汉语课程，当时既有全日制大学教育的本科生部，又有面向社会语言培训的夜校部。布尔吉巴语言学院设语言和翻译两个专业，每年约招收200名学生，英语作为第一外语是必修课，汉语和其他语种属于第二外语，根据入学新生所选的第二外语分班。从1991年开始，布尔吉巴语言学院的全日制大学教育部分改名为突尼斯高等语言学院，2006年开始进行面向社会的汉语培训。除首都突尼斯市外，布尔吉巴语言学院还在斯法克斯、苏斯和比塞特等城市开办分校及汉语课程，招生对象主要是在职教师、职员和社会人员，还有各国驻突尼斯的外交使节、各外国公司的工作人员等，学生学习结束后，学校发给结业证书。①

其次是基础教育阶段的中小学汉语教育。突尼斯向来重视外语教

① 朱旗:《布尔吉巴语言学院和汉语教学》,《阿拉伯世界研究》, 1990年第2期。

育，并寻求阿拉伯语和其他语言之间的平衡。突尼斯基础教育体制是小学六年制、初中三年制、高中四年制，幼儿和小学前三年的教学基本用阿拉伯语教学，通用语言法语教学从小学三年级开始，作为必修课的英语教学从五年级开始，初中和高中阶段教学语言一半用阿拉伯语一半用法语，从高中二年级开始开设意大利语、西班牙语、德语、俄语和汉语等外语选修课。①

2002年，突尼斯教育部决定在部分高中开设汉语作为第二外语的选修课，并委托汉学家洛特菲·谢比勒博士拟定《中等教育汉语教学大纲》。2004年，突尼斯市的4个区、2个省的8所中学开设汉语选修课，选修汉语的高二学生近300名。突尼斯高中汉语选修课一般为每周两学时，突尼斯教育部聘用8名汉语教师到高中教授汉语，到目前为止有16名中学汉语教师在19所高中给近500名高二至高四学生上汉语选修课。高中汉语选修课的教材使用《外国人学中国语》（法文注释本）和《实用汉语课本》（法文注释本）。除上述两套通用教材外，由洛特菲·谢比勒博士主持编写、中国教师参与编写校订的高中汉语系列教材《龙》及配套CD，已于2010年出版，目前正在高中使用。这是突尼斯第一部本土汉语教材，也填补了突尼斯高中汉语教材的空白。

除了大学和中小学汉语教育之外，突尼斯还有一些汉语培训机构。突尼斯埃尔芒扎青年文化体育中心（相当于开罗中国文化中心）于2007年开设了首个针对突尼斯大众的汉语培训班，每期学生人数约40人，国家汉办每年派遣一到两名志愿者教师在该中心负责汉语教学工作和文化推广工作。2009年，中国国际广播电台、国家汉办与突尼斯斯法克斯大学城、中国国际广播电台突尼斯听众之友俱乐部等单位合作，在突尼斯开设了阿拉伯及周边地区第一个广播孔子课堂，目前有中国教师1名，中国大使馆还定期向广播孔子课堂赠送汉语教材、图书、光盘等教学资料。

① 白少辉：《突尼斯共和国的语言政策》，《云南师范大学学报（对外汉语教学与研究版）》，2007年第1期。

（二）突尼斯汉语教育存在的问题

近年来突尼斯汉语教育取得了极大的发展，这和突尼斯政府重视外语教学、中突双方政策扶持、中方积极践行教育合作以及突尼斯高教部、高校及汉语教师的重视有直接关系，但还存在学科建设不健全、课程设置不规范、缺少本土汉语教师、缺乏适用的教材和图书、教学规模发展受限和就业困难等问题，而突尼斯汉语教育当前存在的中心问题，主要集中在师资和教材两个方面。

一方面是汉语教师业务水平偏低，且严重匮乏。汉语教师缺口大是突尼斯汉语教育中存在的主要问题，在布尔吉巴语言学院和突尼斯高等语言学院等高校，汉语课师生比例大都在 1∶50 左右，其他一些突尼斯高校甚至比这还高，教师上汉语课需要借助扩音器材学生才能听得清楚。教师学历不高、职称偏低也是突尼斯高校汉语教育面临的不可忽视的问题，到目前为止，突尼斯高校中具有中文博士、硕士学位的汉语教师所占的比例也不是很高。高校教师的学历、职称结构尚且如此，其他汉语教育机构情况就可想而知了。

从 1977 年以来，突尼斯汉语教育一直依靠从中国聘请汉语教师，不太注重本国教师队伍建设，缺少合格的本土汉语教师。中国教育部每年选派一名汉语教师赴突尼斯任教，从 2000 年起增为 4 名，每人任期 2 年。中国公派汉语教师主要讲授口语、听力、汉字、写作、文学、文化、经贸汉语、教学法和论文写作指导等课程。30 多年来，汉办选派到突尼斯的中国教师有 40 多名，大多是国内专职对外汉语教师及出国汉语储备师资。这些公派教师出国前经过教育部和国家汉办严格筛选和培训，具有丰富的对外汉语教学经验，且能够使用阿拉伯语或法语进行交际和辅助教学。除了汉办公派教师之外，汉学家洛特菲·谢比勒博士是突尼斯最早的本土汉语教师。1976 年，他以奖学金生身份就读于北京语言大学并获得学士学位，后在法国攻读博士学位，博士论文题目为《法汉动词比较研究》，1988 年回国任教于突尼斯高等语言学院，并担任语言系主任。[①] 2003 年，语言系分为西语系和东语系，洛特菲博士

① 张有浩：《第一位教汉语的突尼斯老师》，《参考消息》，2002 年 12 月 26 日。

担任东语系汉语专业负责人至今。但整体上，突尼斯的汉语教师仍很匮乏，短时间内如何解决汉语师资问题，将是突尼斯汉语教学发展的关键。

另一方面是缺少本土化的教材。突尼斯一直以来都使用中国赠送的教材[①]，教师自编的教材有《汉字课讲义》《中国文化讲义》《中国文学讲义》《古文阅读讲义》《汉语教学法讲义》，洛特菲博士自编的教材有《语言学讲义》和《法汉 / 汉法翻译讲义》等。突尼斯主要使用的中文教材都是由中国赠送的通用型教材，缺乏具有针对性和实用性的阿拉伯语或法语注释教材。与缺少教材相联系的是教学参考书、工具书以及针对突尼斯人编写的汉语课外读物也非常匮乏，这或多或少都会给突尼斯的汉语教育带来一些困难和麻烦。

此外，缺乏汉语学习环境，就业难，也成为影响教学规模和学习动力的因素之一。对突尼斯这样经济并不发达的国家来说，选择学习哪一种语言，在很大程度上取决于哪一种语言能带来更大的经济效益。虽然近年中国经济迅猛发展，中突贸易不断升温，汉语的国际地位也在不断提升，但目前突尼斯学生如果仅仅只以汉语作为专业是很难找到理想的工作或得到深造的机会的，中文的经济价值和作用仍无法与英语、法语相比。

近年来虽然有一些突尼斯高校和高中加盟汉语教育，但由于教育规模和师资力量的限制，学习汉语的人数没有明显增加。汉语在突尼斯社会属于弱势语言，应用范围小，汉语人才需求很少。大部分学生毕业后很难用汉语就业，严重影响在读生的学习动力。就像很多中国人不了解突尼斯一样，很多突尼斯人对中国也缺乏了解。突尼斯媒体很少关注和宣传中国，突尼斯语言市场就像其他经济市场一样是欧洲的天下。当地中国人很少，突尼斯学生和中国人沟通机会就更少，缺乏汉语学习的环境。突尼斯除了高中汉语教师、个别公务员职位和极少数的公司聘用职

---

① 突尼斯布尔吉巴语言学院的语言技能课程主要使用《实用汉语课本》（法文注释本）、《新实用汉语课本》（英文注释本）、《经贸初级汉语口语》、《阿汉翻译教程》、《外贸写作》、《北京行》（录像带配书）等国内编写出版的通用教材。辅助教材使用《桥梁——实用汉语中级教程》、《中国概况》、《对外汉语教学电视短剧集》（录像带及文字材料），《学汉语卡拉 OK》（录像带及文字材料）等。

位以外，几乎没有其他用汉语就业的机会。2006年后，面向中小学汉语教师的中等教育（汉语）教师资格考试（CAPES）一直停考，说明这方面的就业需求暂时饱和，学习汉语的毕业生就业形势仍然不乐观。

（三）关于突尼斯汉语教育的建议

随着突尼斯汉语教育的不断发展，一直以来存在的学科建设、师资和教材等“瓶颈”问题也更加清楚地暴露出来。在这种大背景下，如何在突尼斯进一步推动汉语教育，让突尼斯的汉语教育能赶上阿拉伯一些比较发达国家的水平，这是一个很值得深思的问题。在现阶段应采取相应对策，有针对性地解决上述问题，协助当地汉语教育和汉语推广工作的顺利进行。

一方面，要坚持把主流社会作为汉语推广工作的重点。突尼斯汉语教育的重点，还是要放到主流社会上来，把主流社会的学校作为扩大汉语阵地的主要目标，可以考虑以下几种做法：第一，加强中国语言文化宣传，组织汉语和中国文化的推广宣传活动。比如针对学习汉语的突尼斯学生，继续提供“汉语桥”专项基金，组织汉语俱乐部，编写汉语学习期刊，组织汉语演讲、歌曲比赛、知识竞赛等文体活动，定期放映中国电影，给学生创造接触中国语言和文化的机会，培养他们对中国的友好感情。第二，协调使馆及文化处继续以汉语教育作为宣传中国语言文化的重要平台，请当地媒体采访，利用各种宣传手段为汉语教育和推广做广告。第三，利用教育部已在5所主流社会中学开设汉语课的契机，继续扩大在主流社会开设汉语课程的规模和数量。第四，在保证基础汉语教育的基础上，加强专门用途汉语教育的建设，关注就业机会，明确培养目标，调整教学方法和教学内容。调查显示，经贸、旅游、法律等方面的专门用途汉语教育很有市场，突尼斯相关部委也需要这方面的汉语人才。可以尝试在高校开设实用性和目的性很强的汉语选修课，以提高突尼斯学生的汉语水平。

另一方面，要考虑建立孔子学院。在突尼斯建立孔子学院可以行使语言教学、教育交流及文化传播等诸多职能。孔子学院可以利用自身的图书资源，向学习汉语的突尼斯学生借阅中文教材、学习用书和中文报刊等，组织汉语研究和汉语实践活动，定期放映中国电影电视节目，宣传中国文化和改革开放的经济建设成就，让更多的突尼斯人了解中国语言和文化。这样，孔子学院将成为突尼斯汉语教育和推广的一大平台。

总之，突尼斯汉语教育虽开展多年，但总体水平与阿拉伯其他国家相比仍相对滞后，汉语教育的对象仍囿于个别大学学历教育的范围之内，教学方式仍以汉学研究和翻译为主，没有进入主流社会。尽管如此，随着中突交往的深入，中突贸易进一步扩展，突尼斯对汉语人才的需求也一定会日益迫切。因此，在世界性的汉语学习热潮的影响下，在阿拉伯其他国家的带动下，突尼斯的汉语教育一定会呈现出更加良好的发展态势。

第二节　国别化与阿拉伯汉语教育的发展趋势

中阿交往有着悠久的历史，“丝绸之路”曾为中阿贸易做出过巨大的贡献，随着中阿在经济文化等领域交流与合作的加强，汉语教育将成为中阿经济文化交流的桥梁和纽带。从上面的介绍中可以看到，阿拉伯汉语教育呈现多元化发展趋势，主要表现在：第一，教学机构多元化，中小学和高等院校日益成为汉语教育的有机组成部分，而各地孔子学院则扮演着中枢角色，成为当地汉语教育事业的中坚力量和重要平台；第二，教学对象多元化，汉语教育的对象已从高校学生扩展至中小学生、商务人士、政府公务人员等各阶层人员，其中中小学生日益成为当地汉语学习的主力；第三，汉语教育性质多元化，从当初仅有的培训班到现在的学历教育（本科、硕士、博士）、选修课、必修课，初步形成了汉语课程的多元化和体系化。阿拉伯汉语教育的特点主要体现在以下几个方面：

一、汉语教育传统优良，发展态势良好，前景可观

首先，学生规模不断扩大，教学层级不断增加，教学类型不断丰

富，教学水平不断提高。埃及是阿拉伯及周边地区汉语教育开展最早的国家，2008年埃及在校学汉语的大学生约有1500人，比2004年翻了一番。[①] 突尼斯布尔吉巴语言学院中文专业从1987年起常年保持50多名学生的规模。苏丹喀土穆大学中文系从2007年起四年制本科由隔年招生改为逐年招生，目前已有学生130多人。约旦大学学生规模也屡创新高，从2006年的不到10名到现在的120余名，并且每年都有50余人选修汉语。

教学层级上，开罗大学2004年成立中文系，2008年首届毕业生顺利毕业。艾因·夏姆斯大学更是久负盛名，中文系可以授予学士、硕士和博士学位。约旦大学也于2013年迎来了首届中文系毕业生。教学类型也不断多样化，既有学历教育，也有短期培训，商务汉语、旅游汉语、中医、武术、书法、艺术等方面的培训也精彩纷呈，此外还有汉语教师培训、文化讲座、汉语水平考试及“广播孔子课堂”等。教学水平也不断提高，在连续举行的世界大学生“汉语桥”比赛中，阿拉伯及周边地区学生表现出来的水平越来越高，开罗大学学生甚至在中央电视台举办的世界辩论赛中取得过继美国、韩国、英国、俄罗斯之后第5名的好成绩。

其次，阿拉伯汉语教育正逐渐从高等教育向中等教育延伸，并纳入一些国家的国民教育体系。2003年，突尼斯教育部宣布，从高二起设立汉语公共选修课，这项决定在2004年得以实施，目前已有十几所中学开设汉语选修课。2008年，突尼斯教育部又要求所有报考大学中文专业的学生必须在高中阶段学过汉语；埃及教育部已下发文件，决定把汉语作为中学第二外语，还允诺2015年在100所高中开设汉语课，汉语教育正逐步被纳入当地中小学教育体系之中。

阿拉伯及周边地区已出现一些汉语教育中心或基地，正发挥着重要的辐射作用。目前阿拉伯及周边地区汉语推广最为出色的几个国家也是阿拉伯比较有影响力的国家，在汉语传播方面，这些国家正发挥着地区

① 开罗大学首届中文系学生毕业典礼报道，http://www.fmprc.gov.cn/468104.html。

性辐射作用。与此同时，一批阿拉伯大学也逐渐成为阿拉伯汉语教育重要的本土力量，最为突出的是埃及的艾因・夏姆斯大学、开罗大学、土耳其安卡拉大学等高校。上述大学都建有孔子学院，孔子学院在整合汉语教育资源、宣传中国文化、开展汉语教育、培养汉语师资队伍、编写适合本地教学需求的汉语教材等方面，发挥着越来越显著的功能。

汉语教育的重要任务之一就是传播中国文化，展现中国积极的国际形象，增进世界对中国的了解，消除世界对中国快速发展的误解。相对而言，阿拉伯世界对中国的了解较少。当越来越多的阿拉伯人开始学习汉语的时候，他们对中国文化也就有了更多了解，特别是孔子学院所开展的形式多样的中国文化传播活动为阿拉伯人民认识中国打开了一个重要窗口。而当越来越多普通的阿拉伯民众走近中国文化的时候，无疑有助于加强中阿友好关系。

二、汉语教育面临诸多挑战

阿拉伯汉语教育面临的挑战之一是教育者和学习者的多样化。随着汉语教师需求量的增加，从事国际汉语教育的教师和汉语学习者的来源也更加复杂多样。汉语教师大致有两类：一是本土教师。比如艾因・夏姆斯大学中文系的 30 余位教师中只有一两位中国教师，其他都是本土教师。他们一般都具有博士学位，且都有留学中国的背景，但有的教师汉语水平还需进一步提高，有的老师习惯用母语翻译法授课，忽视了学生听说技能的培养。二是国内外派的对外汉语教师和志愿者，他们在学生母语环境下授课会经历一些挑战，部分师资缺乏海外汉语教学经验，在海外环境中迫切需要转换教学思路，提高面向阿拉伯语境下进行汉语教学的能力和水平。

另一个挑战是阿拉伯汉语教育还未做到因地制宜。语言文化背景不同，学习时间有限，需针对学习者的实际情况，系统、科学、有针对性地安排教学内容。然而在实际教学的安排和设置中，存在一些不合理的现象。首先是课程设置应用性不强，如艾因・夏姆斯大学中文系一年级就开设写作、翻译等课程，但对于还没掌握多少汉语词汇的新生来说，开设写作课、翻译课等课程十分牵强。约旦大学中文系也有相似情况，在一年的基础汉语课程后，就齐头并进地开设语音课、语法课、写作课及翻译课等语言知识课程，在课时相当有限（每周六节课）的情况下，一年的基础汉语学习达不到分技能教学的水平。其次是过分强调各门课程间的区别，人为地割裂课程的协调性、统一性。如语音课讲授语音理论，语法课讲授语法理论，结果学生语音、语法规则掌握得很熟，但语言能力却没有提高。此外，阿拉伯汉语教育环境的复杂多变性及文化上的戒备心理，也为汉语教育带来了一些困扰。一部分阿拉伯人担心儒学中包含的宗教色彩以及孔子学院的政府背景会带来文化渗透，从而威胁阿拉伯伊斯兰文化的主导地位。

三、加快阿拉伯汉语教育进程的策略

为了推动阿拉伯及周边地区的汉语教育的快速发展，需要思考如何研究汉语教育的新方法，如何发扬并创新汉语教育的办学理念，以适应阿拉伯国际汉语推广和汉语教育发展的需要，加快汉语教育的进程。

首先，要积极争取阿拉伯各国政府的支持。与欧美大学具有相当大的办学自主权不同，阿拉伯及周边地区各国的中央政府在大学的办学上仍具有很大的决定权。所以，在那些汉语教育开展较早、较快的阿拉伯国家，比如埃及、突尼斯等国，它们的汉语教育都是在政府以及教育部门的主动支持下实现的。鉴于当前阿拉伯汉语教育基本上还是依托于各国公立大学和中学，因此阿拉伯各国政府的意愿是决定阿拉伯汉语传播和汉语教育发展的一个不可忽视的因素，要积极争取阿拉伯各国政府的支持。

其次，发挥现有孔子学院的辐射作用和示范作用。目前中国政府仅在阿拉伯 7 个国家建立了 9 所孔子学院和一所孔子课堂，而且主要分布在阿拉伯的一些地区性大国。现有的阿拉伯及周边地区孔子学院应在汉语教学、师资培训、教材开发及中阿关系发展和汉学研究等方面发挥引领示范作用，因此要充分发挥其影响力和辐射力。孔子学院不仅要在大学建立汉语专业，使其纳入大学课程体系，还要让汉语走进当地中小学基础教育，推动汉语作为外语选修课纳入当地国民教育体系；同时还要统筹规划，制定当地汉语教学大纲，设立汉语教学研究机构，比如汉语教师资格认证培训中心、汉语水平考试测试中心、汉语教学语言实验中心、中国文化体验中心、中文图书信息资源中心等，促进汉语教育在阿拉伯的发展。此外，现有的阿拉伯及周边地区孔子学院应在了解当地外语教学传统与特点的基础上，探索与当地实际情况相结合的汉语教学规律，发展适合本国、本地区各种学习者群体和各种学习需求的汉语教育模式。①

此外，还要加强对阿拉伯汉语教育与汉语推广工作的研究。阿拉伯汉语教育要根据所在国家学习者的不同学习需求，推出具有本地特色的教育项目，即本土化汉语培训项目、本土化汉语师资队伍建设、本土化汉语教材编写，融合本土文化的中国文化活动，结合本土教育资源合作开发的教育服务，为更多的阿拉伯汉语学习者提供学习汉语和了解中国的机会。

综上所述，阿拉伯地域辽阔，文化独特，语言众多，针对阿拉伯及周边地区的特殊国情，中国需加强对阿拉伯及周边地区汉语教育的对策研究和规划，深入调查和研究当地汉语学习情况和语言政策，系统研究阿拉伯汉语教育的模式、效益、影响、投入、管理等，以期更好地为推广汉语提供理论依据和指导性对策，使汉语教育更有针对性、成效更显著；也要对国内各参与部门、院校之间的协调和沟通加以研究，以期充分发挥汉语教育资源的最大效益。相信在双方的共同努力下，阿拉伯及周边地区的汉语教育一定会有更加美好的未来。

① 赵金铭：《汉语国际传播研究述略》，《浙江师范大学学报》，2008 年第 5 期。

第三章　阿拉伯及周边地区孔子学院建设

自2004年11月21日全球首家孔子学院在韩国首尔成立以来，孔子学院已走过十余年的历程。作为一个以汉语教育和文化传播为主的综合性教育文化交流平台，孔子学院本着文化多样性的精神，重在促进汉语教育及与世界的文化交流，已成为世界了解中国政治、经济、文化的重要窗口。随着孔子学院规模的不断扩大，它对阿拉伯世界的影响也日益增强。截至2013年年底，全球已建立440所孔子学院和646个孔子课堂，分布在120个国家（地区）。① 孔子学院的陆续设立标志着汉语教育和文化推广工作迈向更快速更高效的发展阶段。

阿拉伯及周边地区的孔子学院是全球孔子学院建设中的重要组成部分，孔子学院以一种教育合作和主动走出去的态势让阿拉伯世界更好地了解了中国，促进了中阿教育文化交流，增加了阿拉伯教育和文化的多样性。在前两章概述阿拉伯汉语教育现状的基础上，本章以孔子学院章程、汉语教育及跨文化交际的理论为依据，介绍阿拉伯及周边地区孔子学院的汉语教育类型、教育途径、教育媒介及未来的可持续发展走向，分析阿拉伯及周边地区孔子学院的建设成果及现阶段存在的问题，为阿拉伯及周边地区孔子学院可持续发展提供可行性的建议和策略。

第一节　阿拉伯及周边地区孔子学院的汉语教育类型

阿拉伯及周边地区孔子学院的主要工作包括开设符合当地需要的各种类型的汉语教学课程，培训当地汉语教师，举办旨在增进大众对中国及中国语言文化了解的教学活动、学术和文化活动。2007年3月，孔子学院总部（国家汉办）与埃及开罗大学关于合作建设孔子学院的协议在开罗大学正式签署，中国驻埃及大使吴思科同开罗大学校长拉赫曼分

① 本文统计数据除特别说明外，均来源于孔子学院总部网站及第六届、第七届孔子学院大会交流资料。

别在协议上签字。2007 年 5 月，位于埃及伊斯梅利亚省的苏伊士运河大学也举办了隆重的孔子学院授牌仪式。截至 2012 年 3 月，国家汉办共在 7 个阿拉伯及周边地区建立了 9 所孔子学院及 1 所广播孔子课堂。（见表 3-1）

表 3-1　阿拉伯及周边地区孔子学院

国家	建立时间	外方机构	中方机构	学生人数	教师人数
巴基斯坦	2005	伊斯兰堡国立现代语言大学	北京语言大学	750	4
黎巴嫩	2006	圣约瑟夫大学	沈阳师范大学	200	6
埃及	2007	开罗大学	北京大学	660	7
埃及	2007	苏伊士运河大学	华北电力大学	166	6
约旦	2008	安曼 TAG	沈阳师范大学	100	4
伊朗	2009	德黑兰大学	云南大学	60	2
突尼斯	2009	斯法克斯 CRI 广播	国家汉办	100	2
摩洛哥	2009	默罕默德五世大学	北京第二外国语大学	320	2
阿联酋	2010	迪拜大学	宁夏大学	100	3
土耳其	2012	奥坎大学	北京语言大学	199	3

目前阿拉伯及周边地区的孔子学院大多采用中外合作办学模式，先由当地的大学向孔子学院总部提出申请，经审批后与中国国内一所大学建立合作关系，双方大学在人、财、物三方面共同投入并进行管理。这种中阿合作建立孔子学院的模式，不但使孔子学院成为承载和传播中国文化的载体，更为中阿大学建立密切的合作关系搭建了平台，为中国大学走向阿拉伯世界开创了一个新途径。同时，合作办学的模式能够最大限度地发挥当地大学的能动性，“这是孔子学院的一个重要办学理念，即帮助外国朋友学习中国文化、了解中国。通过语言、文化的交流来增进中外人民的了解和友谊，推动中外双方在各个领域的合作，促进世界多元文化的发展”。①

① 曹扬、杨琳：《国家汉办副主任胡志平：孔子学院正向特色化高层次发展》，《海外华文教育动态》，2011 年第 5 期。

就发展模式而言，各孔子学院在建院初期都制定了自己的发展理念，在发展过程中找到了自己的定位，形成了自己的基本特色。规范学院管理是孔子学院可持续发展的重要途径。阿拉伯及周边地区孔子学院经过多年的不懈努力和创新发展，目前正遵循标准化、制度化的建设和管理模式在正规有序的轨道上运行。（见图 3-1）

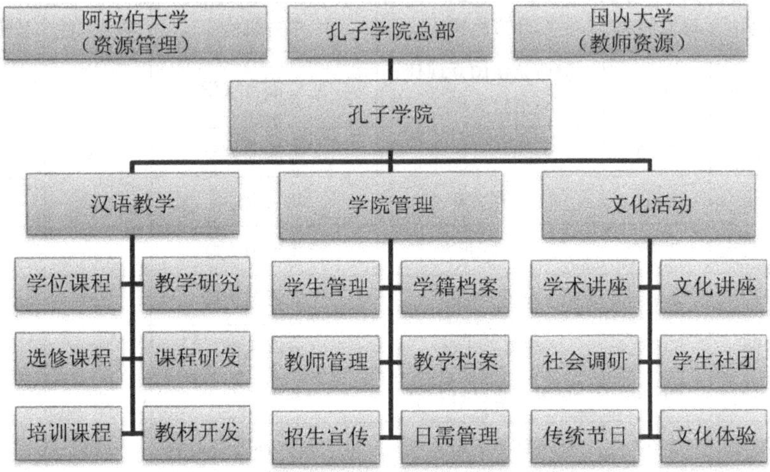

图 3-1　阿拉伯及周边地区孔子学院管理模式

阿拉伯及周边地区这些孔子学院虽然都具有语言教学的共性，但又以自身鲜明的办学特色与其他孔子学院区别开来。按照不同的教育理念和教育特色，可以把阿拉伯及周边地区的孔子学院分为不同的类型，除了基本的以汉语教学为主的孔子学院以外，还有以特色文化为主的孔子学院、以师资培养为主的孔子学院、以汉学研究为主的孔子学院、以面向基础教育为主的孔子学院和以网络教学为主的孔子学院等。

一、以旅游商贸课程为主的苏伊士运河大学孔子学院

苏伊士运河大学孔子学院是埃及首都开罗以外的一个重要的汉语教育基地。苏伊士运河大学位于埃及东北部伊斯梅利亚省，是一所综合性大学，其汉语教育开始于 2006 年 9 月中文系的成立，中文系隶属于人文学院，是继阿拉伯语系、英语系、法语系之后建立的第四个外语系。

苏伊士运河大学孔子学院最初由华北电力大学与埃及苏伊士运河大学合作开办，2014 年改为由北京语言大学与苏伊士运河大学合作建设。苏伊士运河大学是埃及既有中文系又有孔子学院的两所大学之一，孔子学院和中文系优势互补，有力地推动了该校汉语教育的发展。其独特的地理位置，优越的办学条件，一流的师资队伍，吸引了苏伊士运河沿岸及西奈半岛等地越来越多的人来这里学习汉语和中国文化。

苏伊士运河大学孔子学院自 2008 年正式揭牌成立以来，中文专业学生人数由最初的 20 余人增长至 140 余人，举办了 84 期不同层次、不同类型的汉语培训班，其中有 6 期旅游汉语培训班和 4 期师资汉语培训班，接受培训人数达 1460 余人，招生规模稳中有升，教学设施较为完善。该孔子学院积极开展各种中国文化专题活动，举办了春节文化活动、灯谜活动、中国传统节日文化讲座、中国高等教育讲座、中国教育图文展、文艺节目演出、汉语学习汇报演出和汉语主题辩论会等 15 次，参加人数达 2000 余人。该孔子学院的中国语言和文化推广活动多次受到《今日中国》阿文版和伊斯梅利亚省电视台等媒体的特别关注和报道，被媒体誉为阿拉伯世界最美丽的孔子学院。

该孔子学院教师队伍结构合理，师资力量强，现有专职中文教师 13 人。其中 3 位埃及本土教师有在中国学习的经历，一位在中国学习的时间长达 6 年，还获得了文学博士学位。苏伊士运河大学的汉语教师大都具有比较丰富的汉语教学经验，能够很好地承担各门课程的教学工作。大多数教师积极从事科研活动，深入到中国乡土文学、哲学、第二语言习得、汉语方言语法、对外汉语教学等领域，从事语言教学和汉学研究，有的教师正在参加中埃合作编写教材的工作。从整体上看，苏伊士运河大学汉语教师的年龄职称结构比较合理，形成了梯队，有利于教学工作的开展。

该孔子学院是以旅游商贸课程为特色的孔子学院，课程设置以旅游汉语为主，利用埃及得天独厚的旅游资源，因地制宜，培养旅游方面的高级人才。20 世纪 90 年代中期以后，随着中埃经济贸易合作的快速发展，中国在埃及投资的企业逐年增加。2002 年，中埃两国政府又签署了旅游协议，同意把埃及作为中国公民出国旅游目的地国，中国去埃及的游客数量猛增。埃及外交、商贸、旅游等部门长期缺乏汉语翻译人才，很多翻译工作靠大学中文系教师完成。乐观的就业前景，吸引了很多高中毕业生报考中文系，也吸引了社会各界人士来孔子学院学习汉语。2008—2011年，该孔子学院还与本校的商学院、旅游学院、理工学院合作，开展旅游汉语、商务汉语、科技汉语培训，培训人数共计200多人。为满足学生不同的学习需求，孔子学院开设了商务、旅游、科技、管理、音乐、汉语水平考试（HSK）辅导等培训班，还为教师、官员、企业管理人员等开设了专门的培训班。在中埃双方的共同努力下，苏伊士运河大学孔子学院为埃及苏伊士运河沿岸地区培养了急需的汉语人才，在汉语教育和中国文化传播方面发挥着越来越重要的作用。

二、以短期强化汉语教育为主的安曼TAG孔子学院

虽然阿拉伯及周边地区大多数孔子学院建在大学中，但是还有一些孔子学院以成人及中小学短期汉语培训为主要教育形式，以在周边和当地社区开展教育服务为特色，其中比较有影响的是约旦安曼TAG孔子学院。约旦的汉语教育起步相对较晚，规模汉语教育是最近几年的事情。TAG孔子学院位于约旦首都安曼，由沈阳师范大学与当地的塔拉勒·阿布-贾扎莱（Talal Abu-Ghazaleh，TAG）国际集团联合创办，是约旦的首家孔子学院。TAG集团是阿拉伯世界规模最大的服务咨询公司之一，总部位于安曼，在中东和北非地区设有多个办事处，并在欧洲、北美以及中国设有代表处，该集团在安曼有TAG学院、TAG商学院等很多分支机构。TAG集团早在2007年就在安曼有汉语培训业务，之后在2008年9月同孔子学院总部签订合作协议，开办孔子学院。

TAG孔子学院开设有成人汉语班和儿童汉语班，其中成人汉语班分为对外成人班和内部职工班。对外成人班的学生大部分为商人，因为和中国有经贸往来，经常和中国人打交道，因此有了汉语需求，一小部分学生（主要是在校大学生）是因为看到中国经济的快速发展和综合影响力的逐步提升，希望通过学习掌握汉语来增加将来的就业竞争力。内

部职工班的学生都是 TAG 孔子学院和 TAG 学院的内部员工，因为自身工作对中国语言文化感兴趣而学习。儿童班的学生都是当地儿童，也是因为近几年中国在当地影响力的日益增强，家长们认为了解中国、掌握汉语对孩子的将来有好处。在教材及课程设置上来看，学院采取课程注册制，一般每期课程开始之前进行报名、缴费、注册，也可以随到随学。成人班采用的教材是汉办赠送的《新实用汉语课本》，儿童班采用的教材是汉办赠送的《快乐汉语》。

约旦 TAG 孔子学院合作外方的私企性质决定了 TAG 孔子学院的办学特点。由于每期课程相对较短，注册方式灵活，学生可以根据自己的汉语水平和时间安排，灵活选择课程和上课时间，在学习工作之余前来学习汉语。因为都交了相当数目的培训费，特别是成人班的学生，上课纪律很好，老师不用花费时间维持纪律。TAG 孔子学院虽然办学时间较短，但是借助培训班模式的长处，取得了不错的教学效果。但是约旦 TAG 孔子学院也存在着学生流失严重的问题，以成人汉语班为例，往往是零起点的学生很多，越往后学生就越少。主要原因是培训费用高昂，再加上培训内容的针对性和实用性不强，学生的学习效果不太理想。①

TAG 孔子学院合作外方 TAG 集团是私营企业，其目标是追求利润最大化，而国内合作方沈阳师范大学是公立大学，其目标是推广汉语言文化，双方的目标存在差异，从而导致在具体的运作方式方法上存在分歧。如何解决合作双方的体制冲突，实现既让外方获得利润、又推广了中国语言文化的双赢局面，这是 TAG 孔子学院未来应该解决的问题。

三、以师资培养为主的德黑兰大学孔子学院

以师资培养为主的孔子学院一般汉语教学力量雄厚，主要关注汉语师资的培养以及为中小学汉语师资培养提供支持。汉语师资关系到一个地区汉语学习的持续性、系统性与专业性，只有具备足够高

① 参见王海涛：《约旦安曼 TAG 孔子学院的汉语教学》，《云南师范大学学报（对外汉语教学与研究版）》，2011 年第 2 期。

质量的汉语师资才能保证汉语教育的质量。所以，一些阿拉伯及周边地区的孔子学院为了满足日益高涨的汉语需求，以师资培养为主要任务，突出“教师教育”特色，注重不同层次、不同类型汉语师资的培养。德黑兰大学孔子学院就是这样一所以师资培养为主的孔子学院，它延续了孔子学院成立以来就秉持的跨文化理念，为阿拉伯中小学职前和在职中文教师提供高质量的教师培训，加深阿拉伯公众对中国的了解。

德黑兰大学孔子学院是2009年成立的中东地区第四所、伊朗第一所孔子学院，受国家汉办暨孔子学院总部的委托，由云南大学与伊朗德黑兰大学联合共建。德黑兰孔子学院凭借雄厚的汉语教学实力，自建成起就进入了大学的教育体系，为中文专业的教学和科研提供支持，承担了基础汉语、高级汉语、汉语听说、古代汉语和汉语写作等20余门本科生汉语课程。除此之外，德黑兰大学孔子学院于2011年开始在合作方德黑兰大学的配合下开办伊朗本土汉语教师培训班，每期招生15人左右。德黑兰大学孔子学院详细阐释了汉语教师应该具备的能力，并提出了提高教师教学能力的几种方法，强调不仅要对教师进行知识的培养，更重要的是对教学能力的培养，并通过开办汉语教师培训班、开展教学研讨会等系统的教师培训服务使伊朗以及阿拉伯地区汉语教师的教学技能和职业素养得到了极大的提升。

德黑兰孔子学院根据本土特点，形成了各具特色的本土汉语教师培养模式，通过推广汉语授课理念、方法及优秀的汉语教材，提高本土汉语教师的教学理论水平，增强本土教师的教学技能，从而提升本土汉语教师的职业素养。这些培训包括对外汉语教学理论、不同类型汉语课程教学原则与方法、听说读写各要素教学技巧、课堂教学的设计与教学资源的利用等课程，还包括对不同教材的培训与介绍、微格教学以及示范课分析等多方面内容。德黑兰孔子学院这些师资培训课程没有局限于理论和书面知识的讲解，而是注重教师的教学实践应用，注重对汉语教学案例的分析和探讨，从而达到真正提高汉语教学质量的目的。

四、以“一院多点”为特色的伊斯兰堡孔子学院

伊斯兰堡孔子学院成立于2005年4月，由国家汉办、北京语言大学与伊斯兰堡国立现代语言大学联合建立，是我国与邻邦巴基斯坦合作建立的第一所孔子学院，也是整个伊斯兰世界的第一所孔子学院。巴基斯坦国立现代语言大学校长马苏德·哈桑（Masood Hasan）为外方理事长兼外方院长，外方副理事长为该校常务副校长贾马尔·阿兹姆（Jamal Azam）。目前共有4位中方教师、2名志愿者和2名本土教师。

伊斯兰堡孔子学院的“一院多点”的办学模式，指的是以伊斯兰堡孔子学院为教学中心，逐步在各地学校或面对社会设立教学点，这些教学点连成线，再扩大成面，以点带面。在“一院多点”办学模式指导下，巴基斯坦汉语国际教育事业迅速发展，显示了其强大的生命力。伊斯兰堡孔子学院通过提供师资、教材、设计课程、教师培训、夏令营、奖学金等多种方式，在伊斯兰堡、卡拉奇、拉瓦尔品第、拉合尔等重要城市设立了33个汉语教学点（见图3-2）。除以上教学点之外，伊斯兰堡孔子学院还在海军附属学校Cadet College Petaro、The City School、巴基斯坦路茨教育集团建立了孔子课堂，汉语课程学员750余人（见图3-3）。

伊斯兰堡孔子学院充分发挥“一院多点”办学模式的优势，致力于将自身打造成汉语教学、文化交流、思想交流和学术交流的综合平台，因此深受学生欢迎。仅2013年注册学生人数就高达6000多人次，成为阿拉伯及周边地区学生人数最多的孔子学院，已连续5年获得孔子学院总部授予“先进孔子学院”或“先进个人”称号。

伊斯兰堡孔子学院总部目前开设的课程包括非学历教育和学历教育两类汉语课程。从2007年到2012年，伊斯兰堡孔子学院各个教学点不仅为合作的大中小学提供汉语教学，也为巴基斯坦政府官员、艺术家协会会员、中国武术协会会员、大学教授学者、中外资公司经理人等社会团体举办各种汉语及中国文化培训班，同时还针对不同的学习需求举办巴基斯坦本土汉语教师教材培训和中医按摩技能培训等课程。

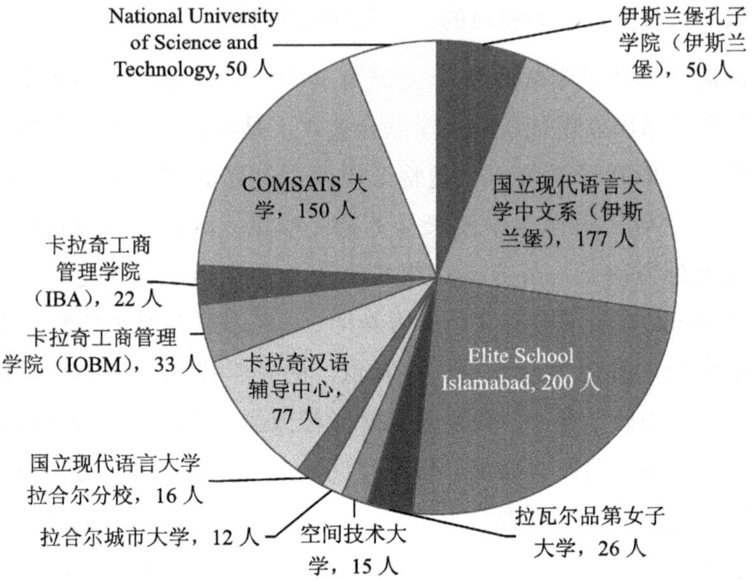

图 3-2　伊斯兰堡孔子学院大学教学点分布示意图

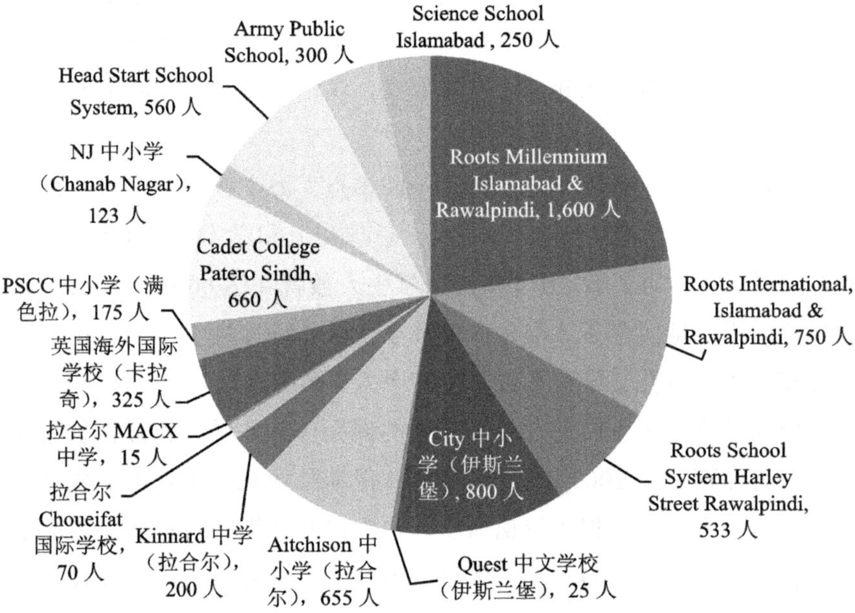

图 3-3　伊斯兰堡孔子学院中小学教学点分布示意图

非学历教育课程主要是汉语培训课程和教师培训课程，开设的汉语课程主要有长城汉语、精英汉语等，另外在汉语考试前开设 HSK、YCT 考试辅导班；开设的教师培训课程主要有教学讨论课，以及不定期举办的汉语教材研修班、汉语教学方法研修班等。学历教育主要是本科、硕士及博士课程，其中开设的汉语言文字、语言学及应用语言学等方面的博士课程，是伊斯兰堡孔子学院为提升巴基斯坦汉语教育层次，培养高级科研人才的实验性举措。伊斯兰堡孔子学院总部使用的教材主要是《长城汉语》和《新实用汉语课本》。

在伊斯兰堡孔子学院“一院多点”办学模式的指导下，丰富多彩的中国文化活动随着新的教学点增加而不断开展，这些中国文化活动与汉语教学一起，逐渐提升着孔子学院在当地的影响力。除了汉语教学以外，伊斯兰堡孔子学院还承担着汉语考试、孔子学院奖学金评选、“汉语桥”比赛、文化活动、课程研究和汉语教育资源建设等相关工作。目前伊斯兰堡孔子学院有直属教学点 33 个，占巴基斯坦全国汉语教育机构数量的 31%；共有汉语学习者 6000 余人，占巴基斯坦全国汉语学习者人数的 49.8%；共有 16 名汉语教师，占巴基斯坦全国汉语教师数量的 36.4%。（见图 3-4）伊斯兰堡孔子学院通过这些汉语教学点，在巴基斯坦已与包括中小学、高等院校在内的 28 家教育机构建立了合作关系，积极推动当地汉语教育的发展，已成为当地汉语教育的中坚力量。伊斯兰堡孔子学院通过其独创的“一院多点”模式，不断推动着巴基斯坦汉语教育的发展和壮大。

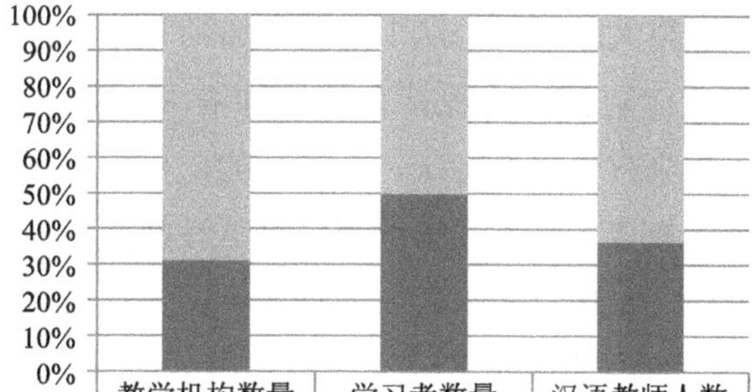

	教学机构数量	学习者数量	汉语教师人数
教学机构数量	73	6048	28
伊斯兰堡孔子学院	33	6000	16

图 3-4　伊斯兰堡孔子学院的办学情况

五、以文化推广为特色的土耳其奥坎大学孔子学院

奥坎大学是土耳其的一所综合性大学，也是土耳其最活跃、最具发展潜力的大学之一。奥坎大学由奥坎集团文化、教育和体育基金会于1999年成立，其办学宗旨为“走进职业世界”。奥坎大学包括4个校区，拥有5个学院、2个研究生院以及应用科学和健康科学专科学院，开设有53个本科学位、16个硕士学位和3个博士学位教育项目。2012年6月，奥坎大学、北京语言大学和国家汉办共同签署了建立孔子学院的协议。2013年5月，奥坎大学孔子学院举办了揭牌仪式，外方理事长为奥坎大学校长舒莱·库特（Şule Kut），外方院长吉来先生是土耳其非常有名的汉学家，他致力于把奥坎大学孔子学院建成一所以文化推广为特色的孔子学院。

奥坎大学孔子学院位于伊斯坦布尔远郊，位置比较偏远，交通不便，这对于奥坎大学孔子学院的语言教育和文化传播工作是个很大的障碍。奥坎大学孔子学院本着“因地制宜”的原则，充分利用和创造各种条件和机会，开展汉语教育和文化传播工作。除了在奥坎大学中文专业开设学分学历课程外，奥坎大学孔子学院还积极在伊斯坦布尔中小学和社区推广汉语教育，与伊斯坦布尔4所中小学和教育机构合作建立了教学点，为中小学和市民提供汉语教学、中国文化介绍、中国旅游和商业信息咨询等课程。奥坎大学孔子学院还在奥坎私立学校开设了汉语课程，这些课程每周6学时，学生人数为25人。2014年，奥坎大学孔子学院的注册学员人数得到了很大的增长，从115名增加到314名。

为了适应阿拉伯当地社会的各种需求，奥坎大学孔子学院课程开发的定位是全方位和多层次、多样化的，奥坎大学孔子学院的课程有大学本科学历教育、汉语选修课程、汉语教师培训课程、各种汉语长短期证书培训班、专项目的汉语培训班及中国文化讲座等诸多方面的汉语课程，而这些方面的内容又分为诸多层次，如汉语短训班和专项培训班，以及为当地政府机构开设的汉语培训课程。与往年相比，2014年奥坎大学孔子学院学习者年龄跨度增大，辐射人群数量激增，中高级学习者数量有了一定增长。

奥坎大学孔子学院还积极为当地大中学生争取中国政府奖学金。土耳其有些学生有去中国学习的愿望，但是找不到相关信息和服务窗口，因此奥坎大学孔子学院做了许多宣传工作，前往安卡拉和开塞利向学生做详细的奖学金申请的说明会。为了配合奖学金申报工作，奥坎大学孔子学院还协助 HSK 考试中心，在 5 月增加了一次 HSK 考试，并且给考生做了考试辅导和模拟考试。经过奥坎大学孔子学院的努力，2013 年成功地为来自土耳其 4 所高校、3 所中学的 31 名学生争取到了奖学金来北京语言大学学习，其中 8 名是汉语国际教育硕士奖学金，9 名是汉语国际教育本科生奖学金。奥坎大学孔子学院在成立伊始就和伊斯坦布尔当地的中资企业建立了广泛的联系，并且尝试在提供语言培训、开展文化传播、拓宽就业渠道和促进经贸交流 4 个方面初步开展合作。

第二节　阿拉伯及周边地区孔子学院的汉语教育途径

阿拉伯及周边地区的孔子学院主要通过汉语教学、文化交流、汉语与中国文化研究、社区与公共服务等途径提供教育服务。

一、汉语教学

汉语教学是阿拉伯及周边地区孔子学院的主要任务，虽然阿拉伯及周边地区各孔子学院的课程设置还没有形成完整的体系，呈现出较为复杂的状况，但是其课程根据不同的分类标准可分为如图 3-5 所示几种类型。

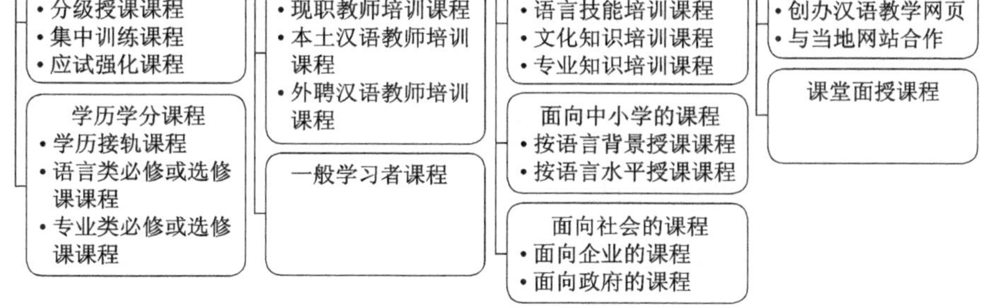

图 3-5　阿拉伯及周边地区孔子学院课程类型示意图

由图3-5可以看到，阿拉伯及周边地区的孔子学院除做好汉语学分课程的教学外，还立足当地汉语学习者需求，开设门类较为丰富的汉语课程，因地制宜开展汉语语言教育，其课程类型各有自身特色，根据通用的课程分类方法，结合阿拉伯及周边地区孔子学院的课程情况，主要介绍以下几种课程：

（一）汉语学历学分课程

汉语学历学分课程指进入国民教育体系的课程，是将课程纳入学分体系，实现学分对等认证的正规课程。孔子学院虽然以非学历教育为主，但因其设立机制主要是大学之间的合作，所以孔子学院常常以各种形式支持大学的学历教育。

阿拉伯及周边地区孔子学院的学历学分汉语课程主要以汉语语言类必修或选修课的方式融入对方大学教学体系。埃及开罗大学孔子学院依托当地丰富的旅游资源，开设了汉语导游强化课程，使用孔子学院自主开发的汉语教材进行讲授，同时面向本校中文系、旅游学院、商学院学生开设学分制汉语课程和HSK考试专题辅导，开创了汉语教学进入埃及公立教学体系的先河。土耳其奥坎大学孔子学院协助奥坎大学中文翻译专业开设了初级汉语综合、阅读、听力、汉字、语言学、写作、高级汉语语法和中国文化等课程[①]，高级汉语语法每周3学时，中国文化课每周3学时。摩洛哥穆罕默德五世大学孔子学院不但推动了该校设置中国语言文化本科专业，而且协助中文专业开设中国语言、文化、历史、地理、写作等课程。阿联酋迪拜大学孔子学院也开设了中国文化学分课程，广受该校师生欢迎。汉语学分制课程的出现，有利于推动阿拉伯及周边地区汉语教育走向规范化、专业化的道路，说明中国语言和文化在阿拉伯及周边地区传播的深度和广度都达到了一个更高的水平，这在阿拉伯及周边地区汉语国际教育事业上具有里程碑的意义。

（二）非学历汉语培训课程

阿拉伯及周边地区的孔子学院是以非学历教育为主的教育机构，非

① 其中初级汉语综合课周学时15节，阅读课8节，听力课8节，汉字课8节，学生人数52人；语言学课每周3学时，学员人数8人；写作课每周3学时，学员人数8人。

学历汉语课程是孔子学院的常规课程，其课程设置包括以下3种形式：

1. 面向中小学的汉语课程

孔子学院除了面向阿拉伯大学生提供汉语学历课程以外，还支持阿拉伯中小学汉语教学，发挥孔子学院的辐射作用。一般来说，孔子学院为阿拉伯中小学提供的课程多为体验式的，是为了让更多的学生了解中国，提高汉语学习兴趣，但也有些孔子学院已经把面向阿拉伯中小学的汉语课程系统化，甚至针对不同学习目的和语言水平的学生分别开课，如阿联酋迪拜大学孔子学院在当地政府支持下，通过开设舒鲁克教学点，积极推动汉语课程正式纳入当地小学教育体系，并为当地儿童和青少年提供全方位汉语和中国文化教育。阿联酋扎伊德大学孔子学院布莱顿教学点将汉语列入小学必修科目及中学选修科目。约旦费城大学孔子学院推动伊斯兰教育学院、安曼巴克洛瑞学校将汉语纳入全日制教学必修课课程，开设从小学到中学13个级别的汉语课程，扩大了中小学汉语课程的规模，保持了中小学汉语语言学习的连贯性。

奥坎大学孔子学院也为阿拉伯初中和高中学生提供高质量的汉语语言教学课程，为中小学生提供系列文化入门课程，这些文化课程注重对中国社会、地理、历史、经济、哲学等方面的介绍，以帮助阿拉伯学生更好地了解中国。新汉语水平考试以“考教结合”为原则，一方面进一步推动了教师的汉语教学，另一方面又满足了考生求学、求职等多元化的需求。奥坎大学孔子学院十分重视新汉语水平考试在阿拉伯世界的推广，不但开设了成人应试培训课程，而且针对BCT、YCT等汉语考试开设中小学辅导课程，便于中小学生掌握学习技巧，提高应试能力。奥坎大学孔子学院在新HSK和YCT推广方面走在了阿拉伯及周边地区前列，是土耳其汉语教育快速发展的标志之一。

这些面向中小学开设的汉语课程不但侧重于语言教学，注重知识的系统性和学习的高效性，为汉语奖学金和各类汉语考试打基础，同时也吸引了大批中小学生选读汉语课程，扩大了孔子学院的教育覆盖面，也为中小学普遍开设汉语课奠定了基础。

2. 面向社会的汉语培训课程

阿拉伯及周边地区孔子学院提供的课程既有面向校内的，也有面向校外的。面向社会的汉语课程主要包括3类。

首先是分级授课课程，即根据学生汉语水平的高低提供初、中、高不同级别的课程，满足不同层次汉语学习者的需求。如土耳其奥坎大学孔子学院针对成人、中学生和小学生分别提供汉语课程，在校外为市民开设了基础汉语，汉语初级、中级、高级口语，商务汉语，书法和HSK培训课程，为奥坎大学教职工开设了基础汉语课程。[①] 这些课程分为3个层次，每周4学时，使用《汉语播客》《商业汉语》《旅游汉语》《中国教育》等教材。

其次是面向企业的汉语课程。这些课程为企业专门量身设计课程内容与课程形式，或直接为企业培训派遣教师，去与中国有贸易合作关系的公司授课。如苏伊士运河大学孔子学院在苏伊士苏哈那中埃经贸合作区设置培训中心，面向当地中资企业的埃方员工开办基本汉语培训课程，针对阿拉伯学生的语音、语法、听力等专项问题开设纠音课、语法课、听力课等课程，以训练学生语言技能为目的；埃及开罗大学面向该校教师开设汉语初级班，进一步加强汉语及中国文化在学校的传播，并通过教授们的言传身教辐射更大的学习人群；奥坎大学孔子学院开设书法课，每周2学时，学生人数有20多名；约旦安曼TAG孔子学院开办商务汉语课程，为公司员工提供汉语培训，与企业的合作把孔子学院的办学理念和教育宗旨扩大到了社会层面，开拓了汉语学习者的就业渠道，开创了产学联合的新篇章。

除了面向企业的汉语培训课程之外，孔子学院还面向政府和公务员开设汉语课程，融入当地公务员培训系统，加速推进与当地教育系统合作。阿联酋迪拜大学孔子学院与迪拜警察学院合作，建立战略合作伙伴关系，促进汉语课程进入迪拜政府公务员培训系统；苏丹喀土穆大学孔子学院发挥示范带动作用，为苏丹国防部信息通信中心、财政部、司法

① 其中基础汉语每周16学时，学员人数为60人；汉语口语每周8学时，人数为70人；商务汉语每周2学时，人数为8人。

部等政府机构开设系列汉语培训班；摩洛哥穆罕默德五世大学孔子学院与该国国家干部培训学院合作，组织“摩中青年联谊会”，增进彼此交流。面向政府、社会及企业的汉语课程融入了所在国、高校和社区，服务当地社会建设，不但有利于提高当地政府的汉语水平和对中国文化的认知，而且与政府的合作也使孔子学院更容易取得当地政府的支持。

3. 面向师资的汉语培训课程

本土汉语师资的培训是汉语国际教育事业发展的重要保障，它不仅可以调节目前汉语师资紧缺的现状，而且在本土教师的努力下汉语教育能够更好地融入当地社会，同时也可以有效保证汉语国际教育事业的可持续性。鉴于目前阿拉伯及周边地区本土汉语师资短缺和汉语学习需求激增之间的矛盾，各地孔子学院有意识地进行了一系列培养本土汉语师资的活动，注重教与学两方面人才的培养，在培养高水平汉语学习者的同时，积极培养高质量的汉语教师，所以，各孔子学院都会提供颇具特色的汉语师资培训课程，通过各种途径着力提高教学的本土化水平。师资培训课程大都关注汉语教师养成课程，即通过培训把有志于从事汉语教育的阿拉伯学习者培养成合格的汉语教师；汉语教师职位研修课程，则是通过培训进一步提高在职汉语教师的从业素质。这些培训课程注重提高培训的针对性和实用性，对提高汉语教师的汉语教学水平和中国文化理解力发挥了巨大作用。

为了提高本土汉语教师的从业素质和教学技能，师资培训方式一般包括在本土进行和赴中国接受培训两种，培训内容以汉语本体知识、汉语教学法、课堂示范教学、中国国情及文化知识等为主。在阿拉伯本土进行的汉语培训课程主要依托校际合作来培训本土师资，比如西北师范大学对外汉语系与喀土穆大学中文系建立点对点的合作交流机制，喀土穆大学中文系学生可以通过校际合作渠道来华学习汉语语言知识和教学技能，回国后投身汉语国际推广事业，这种中阿大学之间校际交流的师资培训模式为阿拉伯及周边地区培养了大批合格师资。赴中国进行汉语培训主要是依托孔子学院总部举办的本土师资培训项目。据不完全统计，2012 年共有 100 多名阿拉伯本土教师在当地或来华参加教师及教材培训，如苏丹两位部长级官员参加了喀土穆大学孔子学院来华本土师资教材培训项目。

总的来说，由于受众涉及不同社会层面，阿拉伯及周边地区孔子学院提供的课程类型多样，具有开放性、灵活性和实用性等特点。阿拉伯及周边地区孔子学院的课程不但面向学校学生，还面向社会人士开放，不同社会群体都能够找到适合自己的课程；孔子学院提供了不同教育形式的对接与转换方式，打通了学历教育与非学历教育的通道，甚至按需提供各种定制式课程，具有灵活性的特点。同时，不同地区的孔子学院提供的课程类型各不相同，参与课程的学生人数不一，年龄不等，又呈现出实用性的特点，使课程结构呈现一种互补、互动而又高效的态势。

二、文化交流

文化是成就语言学习和教授语言的最好工具，孔子学院除了通过课堂教学传播语言文化知识以外，还通过大量的交流活动提高文化传播效果，强调语言学习与文化活动的相互促进。为配合汉语教学，阿拉伯及周边地区的孔子学院还积极展开“三巡”活动，即文艺巡演、文化巡讲和教材巡展。文艺巡演是中阿合作高校的大学生艺术团展开积极互动，互相访问并呈现带有各自特色的文艺演出；文化巡讲是邀请中国专家到阿拉伯及周边地区的孔子学院进行讲座，实现文化领域较高层次的互动；教材巡展则是在阿拉伯及周边地区的孔子学院进行语言教材、中文读物等图书展览活动，甄选较为优秀的中文教材。在开设各项汉语课程的同时，阿拉伯及周边地区的孔子学院还开展了形式多样的文化活动，以增强汉语学习者对中国文化的兴趣及认可度，增强汉语学习动机，促进中阿文化与教育的多渠道、多侧面交流。①

孔子学院的文化交流形式灵活多变，具有一定自主性，内容具有很强的伸缩性与实践性，方式主要有举办文化推广活动、组织来华实践活动及开展汉学与中国文化研究活动等。

① 参见曹扬、杨琳：《国家汉办副主任胡志平：孔子学院正向特色化高层次发展》，《海外华文教育动态》，2011年第5期。

（一）文化推广活动

阿拉伯及周边地区孔子学院处在不同的文化环境中，各孔子学院根据当地情况和自身特色，举办了丰富多彩的文化推广活动。（见图 3-6）

节日庆典类	比赛类	讲演类	展示类
中国春节、元宵节、中秋节、国庆节等传统节日庆典；中外文化年等大型国际庆典	“汉语桥”中文比赛、中文演讲比赛、中文歌曲比赛、中国器乐比赛、中国画比赛等	知名学者、政府政要、社会名流等的演讲	图片展、图书展、电影展、摄影展、书画展、文艺团体交流演出等
规范性强；规模大、影响广；政府重视，给予政策、资金等方面的支持	灵活性强；激励性强；参与性强；孔子学院提供培训、指导和支持	权威性强；知识性强；关注度与影响力强	直观性强；群体广

图 3-6　阿拉伯及周边地区孔子学院的文化推广活动

节日庆典类活动，包括中国春节、元宵节、中秋节、国庆节等传统节日庆典和中外文化年、交流年等大型国际庆典活动。这些活动规模较大、影响广泛，阿拉伯各国政府非常重视，常给予政策、资金等方面的支持。这些活动以其强烈的中国特色不断吸引当地民众，参加节日庆典的人次逐年递增。2014 年 2 月 7 日，奥坎大学孔子学院在奥坎大学举办了丰富多彩的庆祝中国春节的活动，孔子学院师生表演了民族歌舞、相声等多个节目，受到了奥坎大学师生和当地民众的热烈欢迎，奥坎集团董事长贝克尔 · 奥坎先生，奥坎大学校长舒莱教授和奥坎大学各个院系领导和师生参加了庆祝活动。苏伊士运河大学中文系、孔子学院也通过开展春节联欢、文艺演出、教材展览等活动，营造文化氛围。

基于语言文化内容而举办的比赛类活动，包括“汉语桥”中文比赛、中文歌曲、器乐、绘画等才艺比赛，这类活动具有激励性、参与性的特点。语言环境对外语学习是非常重要的，比如驻阿拉伯使馆教育处、文化处组织的“大使杯”和“汉语桥”比赛发挥了很好的作用，推动了阿拉伯大学汉语教育的发展。语言的根基在文化，苏伊士运河大学孔子学院提出并实施了“三个一工程”，让每个学生都会唱一首中国歌曲、讲一个中国故事、朗诵一首中国诗歌，并通过从班级到年级再到系的层层选拔，推举出选手进行学期总决赛，激发学生学习汉语和中国文化的兴趣。伊斯兰堡孔子学院给每个语言教室配备一台电视，每天定时播放 CCTV-4 中文教学节目。苏伊士运河大学孔子学院中方教师和志愿者充分发挥自身优势，通过组织语言沙龙、讨论会、辩论会、演讲比赛、模拟购物、模拟导游等方式，积极营造语言环境。2007 年，开罗大学孔子学院组队参加了在北京举行的国际群英辩论赛，该孔子学院为参加比赛的选手提供培训、指导及经济支持，激发了学生学习中国语言文化的兴趣，促进了青少年的联谊交流，展现了汉语的魅力和自身的汉语造诣，受到观众和评委的热烈好评。

文化展示类活动，让更多的阿拉伯民众了解中国，了解中国文化。比如伊斯兰堡大学孔子学院曾多次举办中国图片展、电影展、书画展和文艺团体的交流演出等，通过影片、图片、表演反映中国的建设与发展，取得了良好的效果。古典诗词是中国语言的精华，中国诗词有几千年的历史，深受中国人和国外汉语学习者的喜爱，对于阿拉伯学生来说，学习诗词不容易，但可以从中体会到中国文化的优美和精深。[①] 开罗大学孔子学院每年主办中国诗词朗诵大赛，由来自开罗大学、爱资哈尔大学、艾因·夏姆斯大学、埃及科技大学、苏伊士运河大学、语言与翻译高等学院以及开罗中国文化中心的选手参加比赛，中国驻埃及大使及开罗大学校长、各大学中文系主任等都前来观摩并担任比赛评委。2014 年 11 月，奥坎大学孔子学院和伊斯坦布尔中文教育机构 Lotus 合作举办了“中国电影周”活动，活动期间播放了 5 部优秀的中国电影。苏伊士运河大学孔子学院举办了“中国：前进中的文化古国”图片展，吸引民众走进中国，了解中国悠久的历史文化。在文化推广过程中，“人的交流”最重要，所以交流演出类的活动也最容易产生直接效果，奥坎大学孔子学院邀请国内著名的京剧团在土耳其各地巡演，让学习者零距离接触中国传统文化的同时，通过交流联谊拉近了人们的心理距离，增进了两国人民的友谊。

① 于毅：《中国诗词吟诵在埃及》，《光明日报》，2013 年 11 月 30 日。

（二）来华实践活动

要想真正了解中国，最好的方法是到中国来，通过来华访问、交流，可以零距离了解中国，体验中国文化，所以阿拉伯各孔子学院都积极组织来华实践活动。如苏伊士运河大学孔子学院每年组织学生来中国参加夏令营，听专题文化讲座，切身感受中国文化及中国的发展进步；埃及开罗大学孔子学院组织了“感受中国”冬令营、中学生“汉语桥”优秀选手夏令营、埃及汉语教师来华培训、埃及政府教育官员访华等多个文化交流项目；为了让更多的土耳其人了解中国的语言和文化，同时也为了更好地推广孔子学院的工作，奥坎大学孔子学院于 2014 年组织了土耳其青少年“中国文化体验夏令营”、土耳其大中学生赴华“中国文化体验夏令营”和土耳其校长暨教育官员赴华考察团来华进行文化实践活动。特别是 2014 年 7 月奥坎大学孔子学院组织了 18 名土耳其大学生和中学生赴上海和北京参加“中华文化体验之旅”夏令营活动，得到了学员们的高度赞扬。学员们在上海和北京学习了基础汉语、中华才艺，并参观了中国的名胜古迹。很多来华实践活动已经成为阿拉伯及周边地区各孔子学院的“品牌”。

（三）汉学与中国文化研究

随着“汉语热”的兴起，无论是学者还是一般民众，都有着了解中国的强烈愿望。孔子学院除了教授汉语课程、传播中国文化以外，还为汉学研究和中国文化研究提供了平台。孔子学院根据当地实际情况，通过编写教材、出版刊物、举办高层次学术研讨会、组织孔子学院交流联谊会等方式推动汉学研究，走教学与科研相结合的发展模式。

首先，孔子学院致力于编写教材与出版刊物。虽然现在对外汉语教材种类繁多，但是不同地区和学校都有不同的课程设置和教学对象，所用教材在具体使用过程中会出现不适用的问题，所以开发本土汉语教材显得尤为重要。一些孔子学院根据阿拉伯及周边地区的国情与文化特点，组织编写了汉语教材，出版了汉语研究刊物。如 2013 年奥坎大学孔子学院承接了汉办的《汉语乐园》阿拉伯文版的改编和审议项目，并于当年10月完稿，同时还筹备编写两套新的教材，一套是少儿汉语教材，一套是汉语翻译教材。推广语言不能取代翻译的作用，为了让学习者更好地了解中国思想、领略中国文化的魅力，孔子学院还编写翻译了中文与阿拉伯文对照读物。这些书刊的出版，对提升孔子学院的知名度和影响力，促进汉语教育和中国文化研究，发挥了积极作用。

其次，孔子学院还举办高层次学术研讨会。关起门来搞研究会使人视角狭窄、思维狭隘，要真正解决问题，推动事物的发展，需要吸收外来先进思想和技术不断地进行自我提升。对中国语言和文化的研究也不能只靠中国人，国外有一批中国文化造诣很深的汉学家，他们的研究视角、研究理念都具有借鉴意义。所以，阿拉伯及周边地区的孔子学院依托高校和科研机构雄厚的汉学研究力量，组织各类学术研讨会及专题讲座，共同促进本土化教学水平的提高，并对中国社会、文化、经济等方面的问题进行沟通交流、讨论切磋，为孔子学院制定政策、规划发展、解决问题都发挥了巨大作用。

埃及开罗大学孔子学院先后举办了“开罗大学汉语教学经验暨开罗大学孔子学院发展研讨会”“首届埃及汉语教材使用及编写研讨会”“中阿文化对话——语言文化国际研讨会”等各类学术研讨会，集中举行如此高规格的学术研讨会在阿拉伯及周边地区尚属首次。2012年1月，埃及苏伊士运河大学孔子学院举办了首届中埃语言与文化论坛，吸引了来自中国、埃及、美国、韩国、越南等国56位专家与会，就汉语教学与研究、阿拉伯语教学与研究、中埃文化研究等主题进行了研讨。研讨会共收到论文50余篇，编辑出版了《首届埃中语言与文化论坛论文集》。2013年又举办了第二届论坛，现在每年年底举办的埃中语言文化论坛已经成为该孔子学院的文化推广“品牌”。[①]

2014年10月，奥坎大学孔子学院举办了“新丝绸之路经济带——中土经贸论坛”。这是奥坎大学孔子学院每个年度最为重要的活动。论坛邀请到了土耳其议员、前经济部长、土耳其对外贸易委员会主任、中

① 孔子学院总部：《埃及苏伊士运河大学孔子学院》，《第七届孔子学院大会交流材料（非洲、美洲、大洋洲卷）》。

国驻伊斯坦布尔副总领事，以及华为集团、中远集团、中国银行、中国国际航空公司、海南航空公司、中国光伏、中航技、中钢等知名的中资企业和国内特邀专家参加，奥坎大学数百名师生旁听了论坛，论坛的成功举办也受到了与会代表的高度评价。

伊斯兰堡孔子学院也通过组织各种文化活动来推动中国和巴基斯坦两国友好关系的发展。2013 年 5 月，伊斯兰堡孔子学院举行汉语教学系列研讨会之语音教学研讨会；2013 年 5 月，孔子学院张道建博士应邀在巴基斯坦空间技术大学做“中巴友谊与汉语教学”主题演讲；2013 年 11 月，伊斯兰堡孔子学院举行巴基斯坦汉语教育高端论坛，伊斯兰堡孔子学院还应邀出席伊斯兰堡战略研究所举办的“中巴友谊六十周年研讨会”并做主题报告。这些学术研讨会和演讲，极大促进了中阿文化、学术的交流，有利于双方在探讨中建立合作关系并实现互利共赢。

阿拉伯及周边地区的孔子学院编写教材、举办高层次学术研讨以及经验交流会等研究活动，极大地开阔了本土教师的视野，提高了阿拉伯及周边地区孔子学院汉语教育的知名度和影响力，切实促进了中阿教育文化交流与合作，对阿拉伯及周边地区汉语教育本土化水平提高有着巨大的指导意义。

三、社区与公共服务

人类总是合群而居的，人类社会群体的活动离不开一定的地理区域。“社区”一词源于拉丁语，意思是共同的东西和亲密的伙伴关系，“社区是生活在一定地域内的个人或家庭，出于对政治、社会、文化、教育等目的而形成的特定范围，不同社区间的文化、生活方式也因此区别开来”。① 社区指的是生活在同一地理区域内、具有共同意识和共同利益的社会群体，强调人群内部成员之间的文化维系力和内部归属感。从社区心理学来看，“社区是某一地域里个体和群体的集合，其成员在生活上、心理上、文化上有一定的相互关联和共同认识”。② 阿拉伯孔

① 吕宗领：《熟人社会的瓦解对失地农民社区管理的影响研究》，西南大学硕士学位论文，2013 年。

② 刘视湘：《社区心理学》，北京：开明出版社，2013 年，第 60 页。

子学院要传播汉语言文化，也要融入当地阿拉伯社区，为所在社区提供文化教育服务和中国信息咨询。目前，阿拉伯及周边地区的孔子学院主要通过开办专家讲座、组织语言文化体验活动、参与社区共同活动以及与其他机构进行合作等方式参与构建阿拉伯社区文化。

（一）开办专家讲座

阿拉伯及周边地区的孔子学院经常邀请知名专家、社会名流及政府政要等重要人士做讲座，为当地社区提供文化服务。这类活动具备较强的权威性与知识性，有利于提高孔子学院在阿拉伯及周边地区的关注度和影响力。孔子学院所邀请的专家非常宽泛，既有知名学者、政府政要，也有社会名流、热点人物，他们容易发挥意见领袖的作用，引导受众。如 2014 年 5 月，奥坎大学孔子学院邀请海南航空公司驻伊斯坦布尔总经理于文勇为奥坎大学学生做了“中国企业在土耳其”的讲座。苏伊士运河大学孔子学院邀请原外交部副部长杨福昌及相关教授进行学术交流活动，进一步提升了孔子学院的办学品位和学术层次，引起了极大反响。这些文化活动的举办以双方文化的共同点或者自身文化的普适层面为契机，使人们通过活动了解中国社会和中国思维，达到文化沟通与共享的理念。

阿拉伯及周边地区孔子学院所邀请的专家不只限于学术研究领域，但都具有一定的社会威望和文化影响力，容易发挥“意见领袖”的作用，使其所讲内容在阿拉伯社会中产生认同感，进而影响阿拉伯民众的态度和行为。在文化传播过程中，有些信息不一定能被受众接受，但由这些具有社会威望的人对信息做出解释、评价，在态势上做出引导、指点，就会产生很强的渗透力和影响力，从而加快语言文化的传播速度。阿拉伯及周边地区孔子学院开办的这类讲座一般集独特性、知识性和互动性为一体，受到社区的热烈欢迎。2014 年 4 月，奥坎大学孔子学院邀请在伊斯坦布尔的一些中资企业来奥坎大学举行了双选会。奥坎大学的学生和中资企业领导在现场进行了交流，一些中资企业和学生达成了就业和实习协议。2014 年 7 月，奥坎大学孔子学院组织了土耳其教育官员“中华文化体验之旅”活动，来自土耳其政府机构和教学机构的官员和校长等参加了基础汉语、中华才艺等课程的学习，参观了中国的名胜古迹和著名学府，观摩了汉语课程，并且与中国同行探讨了汉语教育推广等问题。伊斯兰堡大学孔子学院不但在校内举办大型“名家话汉语”系列讲座，还面向社区举办由知名人士主讲的有关中阿关系的讲座，得到了社会各界的广泛欢迎和高度评价，并被阿拉伯主流媒体多次报道，大大提高了孔子学院的知名度，强化了所在国的认同度。

（二）组织语言文化体验活动

要了解一种文化，亲身感受它是最好的方法，所以，阿拉伯及周边地区孔子学院的社区文化推介活动大多以体验式为主。体验式教学坚持以人为本的理念，强调通过自己的感觉器官对人、物或事情进行了解、感受，已成为国际公认的教育理念和教学模式。阿拉伯及周边地区的孔子学院针对不同目标人群的教育水平、年龄特征、兴趣爱好、职业领域等，开设了类型各异的文化体验课程，如中国书画、中国武术、中国舞蹈、中国饮食等，使不同人群都能找到适合自己的文化体验课。阿联酋扎伊德大学孔子学院与当地慈善组织合作，为当地相关机构编辑出版饮食类图书提供素材，并将所得善款捐助当地慈善机构。体验式课程以阿拉伯学习者从事某种活动为中心进行组织，以阿拉伯学习者的兴趣为出发点，强调阿拉伯学生经验的获得，满足了中国文化爱好者不同层次的需求，在实际运作中极大地增强了学习者对汉语的兴趣，有利于阿拉伯学习者在实践中掌握知识、解决问题。

亲身感受过的事情容易在大脑记忆中留下深刻印象。在社区组织语言文化体验活动，如唱中国歌、打太极拳、学书法、包饺子、做灯笼等体验活动，会吸引很多对中国文化感兴趣的阿拉伯人。这些文化体验活动与在校内开设的文化体验课程相比，自由度更大，参与性更强，许多阿拉伯当地民众就是在这种“试一试”体验活动之后注册了孔子学院的汉语和文化课程。2013 年 12 月，伊斯兰堡孔子学院邀请茶艺大师李艳萍做茶艺表演，取得了良好效果。2014 年 4 月，奥坎大学孔子学院参加了奥坎大学组织的庆祝土耳其儿童节活动，为土耳其儿童和家长表演了书法、剪纸、太极拳、中文歌舞和学做中国美食等活动，受到了土耳其师生和家长的好评。2014 年 2 月，奥坎大学孔子学院特邀内蒙古乌兰牧骑艺术团和重庆地区非物质文化遗产表演团奉献了一场精彩的民族歌舞和中华文化表演，中国驻安卡拉大使馆文化参赞和奥坎大学舒莱校长出席了此次活动。

（三）参与阿拉伯社区共同活动

社区对居住在这个固定区域内的居民，起到一种媒介桥梁作用，通过定期为居民提供文化活动，无形中形成一定的社区文化和共同的价值观。孔子学院积极参与这些共同活动，积极融入阿拉伯当地社区。2014 年 9 月，奥坎大学孔子学院举办了庆祝孔子学院十周年的“孔子学院日”社区活动，这次社区活动持续了一天，安排了书法、剪纸、京剧脸谱、太极拳、舞狮、中文歌曲卡拉 OK 比赛、影像中国等活动，奥坎大学孔子学院教师还亲手制作了饺子等中国美食请土耳其师生品尝，并邀请当地著名的中医大夫给奥坎大学师生做了“中医理论和养生”的讲座，活动吸引了社区一千多名观众前来参加。阿拉伯及周边地区的孔子学院通过举办这些活动，增加了展示自己、宣传自己的机会，使更多的阿拉伯人接触汉语、了解汉语，同时可以更好地融入当地社区生活。

（四）与阿拉伯当地其他机构进行合作

孔子学院可以单独组织活动，也可以与当地有影响力的机构相互配合，如文教机构、宣传媒体、商贸组织、华侨华人组织等。孔子学院借助这些机构原有的宣传平台，利用公共机构的资源和影响力，对孔子学院的汉语教学和文化活动进行大力推广，提高孔子学院在当地的认知度。2013 年 7 月，伊斯兰堡孔子学院张道建博士接受环球网采访，介绍巴基斯坦汉语热，在传播中国文化的同时，扩大了孔子学院在当地的影响。在合作过程中，孔子学院一般都注重与阿拉伯当地媒体的配合，通过媒体及时报道孔子学院所举办的文化推广活动，扩大传播受众，如开罗大学孔子学院借用新华社 CNC 电视频道播放孔子学院录制的汉语教学和文化互动节目。孔子学院通过与不同机构合作，加深相互理解，使整体传播效应不断得到提升。

第三节　阿拉伯及周边地区孔子学院的可持续发展走向

孔子学院是中华民族的语言和文化走向世界的重要品牌，孔子学院借助中国经济文化影响的强化趋势，将中国文化推向世界，通过文化竞争和文化融合，为汉语国际推广工作和人类文化多元化做出了巨大的贡献。从未来的发展着眼，阿拉伯及周边地区的孔子学院在向阿拉伯世界传播汉语文化的同时，需要通过自身多媒体、多功能、规范化的实践，不断积累和提升汉语教育的各种有效方法，同时其汉语跨文化传播的远期效益，需要在专家支持及指导下通过文化战略的准确定位、汉语教师的素质提高、中外文化的不断磨合来取得。

一、阿拉伯及周边地区孔子学院的总体特点

目前，孔子学院在阿拉伯及周边地区的布局已初步形成，各孔子学院在深入了解所在国的国情，包括习俗、礼节、信仰等传统文化内容和当前社会的流行文化因素以及当地的教育体制等前提下，积极融入当地社会，根据所在国及地区的情况和民众的语言学习要求因地制宜，推出了一系列涵盖学历与非学历、从幼儿园到大学的汉语课程，开展了形式多样的服务于当地各阶层的活动，基本满足了当地民众多方面的要求，取得了阶段性的成果，并逐渐形成了高起点、全方位及重品牌的高标准办学理念与特色。

高起点的发展理念是阿拉伯及周边地区孔子学院的重要特色之一。在阿拉伯各国政府及中国政府的支持下，孔子学院中阿双方的密切合作是开展汉语教育的良好基础。已建成的孔子学院（课堂）阿拉伯方合作机构大多是所在国著名学府，在该国经济社会发展中具有重要地位，是该国开展汉语教育及研究的主要力量之一。开罗大学是埃及高等教育的典范，早在2004年就建立了中文系开展汉语及中国文化的教学及研究；苏丹喀土穆大学是苏丹国内首屈一指的高等学府，该校中文系的办学历史可以追溯到1993年；摩洛哥的穆罕默德五世大学是现任国王穆罕默德六世的母校，校友更是遍布该国上流社会，该国经济收入与该校有极

大关联。

阿拉伯及周边地区孔子学院的外方高校都建有中文系及相关研究机构，拥有较强的教学、科研和中华文化推广能力。埃及政府十分重视汉语教育，随着中埃两国在经济文化等领域交流与合作的加强，埃及政府已经把汉语教育作为重点扶持对象。苏伊士运河大学孔子学院设立中文系两年后又设立了孔子学院，埃及高教部为此提供了比较充足的教学办公用房和必要的设施设备。苏伊士运河大学孔子学院的埃方院长由前副校长阿里兼任，刚从复旦大学毕业回国的穆罕默德博士也受到重用，提升了汉语教育和中文专业的地位。苏伊士运河大学的汉语教育也一直得到中国教育部和有关部门的大力支持，苏伊士运河大学中文系、孔子学院成立以来，中国教育部每年都派汉语教师到该校任教，2011 年派遣得最多，包括院长共有 11 位。除了孔子学院总部每年给苏伊士运河大学师生提供进修、留学名额，并为教师提供到中国访问的机会以外，教育部、商务部和驻外大使馆也不断向苏伊士运河大学免费提供中文图书、音像资料、教学设备等，仅 2009 年就赠送给该校 80 台计算机及配套设备。孔子学院总部每年还向苏伊运河大学孔子学院拨付专项经费，支持开展汉语教育。在中埃政府和教育部门的支持下，苏伊士运河大学孔子学院不仅是埃及汉语推广和中国文化传播的基地，而且已经成为埃及多元文化交流的重要平台。

全方位的发展理念也是阿拉伯及周边地区孔子学院的重要特色之一。阿拉伯及周边地区的孔子学院在度过艰辛的初创期以后，已经快速成长为阿拉伯当地具有规模和影响力的汉语教育机构，通过开设学位课程，使孔子学院的汉语教育进入当地的主流教育，成为阿拉伯大学教育不可或缺的一部分；同时阿拉伯及周边地区的孔子学院针对不同人群开发出更有特色的汉语课程，借鉴各国语言教学的成功经验，形成适合不同母语背景的汉语教学方法；此外，阿拉伯及周边地区的孔子学院面向在校学生和社会各界人士开展汉语教育，支持中小学开设汉语课程，利用中外合作院校的师资和学科力量，联合培养汉语师资和汉学研究人员。

阿拉伯及周边地区孔子学院的汉语水平测试工作和奖学金工作不

断取得突破。阿拉伯及周边地区的孔子学院高度重视汉语测试工作和奖学金工作，所有孔子学院均举行了汉语水平考试（HSK），部分还举行了中小学生汉语考试（YCT）。2012 年，各孔子学院举行考试近 20 次，近 700 人次参加了考试，获得孔子学院奖学金和中国政府奖学金的学生人数较上一年度有较大增长。（见图 3-7）

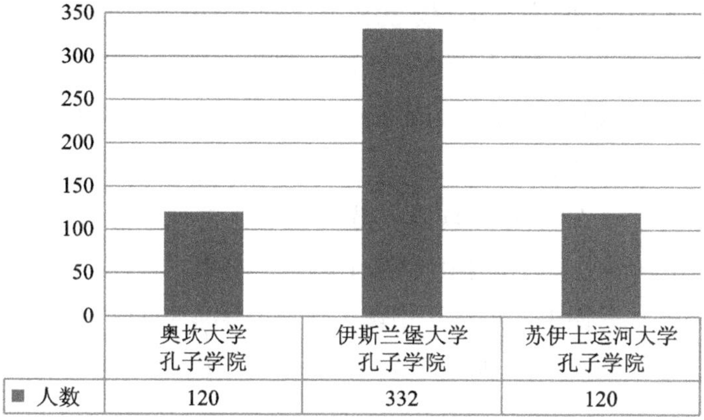

图 3-7　三大孔子学院 HSK 考试人数统计

在奥坎大学孔子学院成立之前，奥坎大学中文翻译专业就向孔子学院总部申请了 HSK 考试中心并得到了批准，2014 年在奥坎大学孔子学院的积极宣传和推介下，HSK 考试的规模得到了大幅度提升，奥坎大学孔子学院分别在 1 月、3 月、5 月和 12 月举办 4 次 HSK 笔试和口试，还有一次 YCT 考试，考生人数约有 120 人。不仅限于伊斯坦布尔的考生参加了考试，很多考生专程从外地坐十多个小时的大巴车或者乘飞机前来参加考试；考生也不只是学生，还有公司职员、军人和家庭主妇等社会人员。目前，奥坎大学孔子学院已经成为土耳其考试人数最多、考试次数最多、规模最大的 HSK 考点。伊斯兰堡大学孔子学院是巴基斯坦唯一承办 HSK 考试和 YCT 考试的机构，每年举办两次考试，2013 年考生人数 332 人。①

除了高起点、全方位的发展理念之外，重品牌也是阿拉伯及周边

① 苏伊士运河大学孔子学院考点分别于 2010 年 5 月 16 日、2010 年 12 月 5 日、2011 年 5 月 22 日、2011 年 12 月 4 日举办了 4 次 HSK 考试。

地区孔子学院的重要特色之一。孔子学院是践行文化走出去、传播中华文化、展示中国各项建设成就的大舞台，孔子学院是阿拉伯文化推广的主力和核心。孔子学院本身就具备品牌效应，为了提升孔子学院的影响力，阿拉伯及周边地区孔子学院的文化推广活动如火如荼。各孔子学院高度重视，多次深入社区、学校、企业、政府部门，开展了内容丰富、形式多样的文化推广活动。仅 2012 年，各孔子学院就举行各类汉语国际推广活动近百次，受众近 2 万人次。有的文化活动经过几年的系统推广，已逐渐形成自己的特色和品牌。各孔子学院积极参加国家汉办组织的“汉语桥”比赛和夏令营活动，不断增强汉语和中国文化对孔子学院学生的吸引力。2011 年，埃及、苏丹孔子学院受国家汉办委托，参加第 43 届开罗国际书展和第七届喀土穆国际书展，展示了中国汉语国际推广领域的优秀图书，展现了中国文化出版事业的勃勃生机，有效缓解了当地民众缺乏汉语图书的问题，受到了当地民众的热烈欢迎。

二、阿拉伯及周边地区孔子学院发展存在的问题

孔子学院遍布阿拉伯各地，处于国际环境复杂多变的各种因素之中，面临着极大的挑战。在外部环境上，当前各国在语言文化的国际推广领域存在着激烈的竞争，孔子学院建设面临机制完善、资金投入等挑战；而在内部环境上，由于孔子学院在阿拉伯一些国家发展过快，分布不均衡，缺乏准确定位，现有的办学模式无法满足有效传播汉语文化的需求。虽然孔子学院在阿拉伯各地的迅猛发展充分显示了阿拉伯各国人民对学习汉语、了解中国的需求与渴望，阿拉伯及周边地区孔子学院的汉语教育具有一定的优势，但在发展过程中也面临着一些问题和挑战，主要表现在课程设置、教材使用、上课时间及师资建设等方面。

首先，孔子学院布局较为不均。从孔子学院的数量来看，目前中国在阿拉伯建立的孔子学院的数量还非常少，在阿拉伯及周边地区只在 7 个国家建立了 9 所孔子学院，占现有孔子学院总数的 1.3%。招生规模同样不大，招收的学生还不到世界孔子学院学生总数的 1%。阿拉伯人口大致占世界人口的 1/5，按这一比例推算，孔子学院对这一区域的影

响力还相当有限。随着中国与阿拉伯及周边地区交流的日益密切、中阿新型伙伴关系的建立及阿拉伯实施“向东看”战略[①]，阿拉伯及周边地区孔子学院布局工作相对滞后的局面急需改变，应进一步扩大阿拉伯及周边地区孔子学院事业的发展空间。

其次，生源规模有待进一步扩大。虽然阿拉伯及周边地区孔子学院的工作有了较大提升，但生源规模始终是制约孔子学院在该地区进一步发展的瓶颈。一方面，因为中国影响力的大幅提升，“汉语热”在当地逐步升温，想了解中国、学习汉语的人很多；另一方面，知道孔子学院的人却很少。比如约旦 TAG 孔子学院只在当地报纸上做过几次广告，举办过一次中国文化演出活动，宣传力度有限，知名度和影响力也就有限。此外，当地人对中国缺乏了解、没有明确的学习动机也是限制生源规模的重要原因之一。要提高孔子学院的影响力，在开办数量、招生规模等方面还大有可为，如何加大有效宣传，激发民众学习汉语热情是亟须破解的难题。阿拉伯及周边地区的孔子学院需要通过举办汉语比赛、赴中国学习汉语奖学金申请宣传会、中国文化演出等汉语文化活动，借助报纸、广播、电视和网络等各种媒体扩大孔子学院在当地的知名度和影响力，有效打开阿拉伯汉语教育市场。

此外，教学和科研水平提升空间较大。由于阿拉伯汉语教育开展历史相对较短，不少孔子学院存在规模较小、本土师资水平不高、教法相对滞后、教材特点不够鲜明及科研水平较低等问题。

上课时间短是阿拉伯及周边地区的孔子学院汉语教学安排中普遍存在的问题，主要是由于学校教学安排不合理。阿拉伯地区大学的学期安排和中国相似，也是一年分两个学期，第一学期是 2 月至 7 月，第二学期是 9 月到来年的 1 月，每学期 4 个月左右。每学期开学的前两周是安排课程、编选教材的时间，虽然开学了但不正式上课，两星期后才正式开课，上完 10 ～ 12 周课，就停课复习准备考试。除掉节假日，正式上课时间只有两个多月。

---

① 吴文斌：《中阿友谊历久弥坚》，《人民日报》，2006 年 5 月 31 日。

本土师资不足也是阿拉伯及周边地区的孔子学院汉语教育中存在的一个问题。以埃及为例，埃及目前已经有5所大学开设了中文系，还有一些大学计划开设中文系，有两所大学设立了孔子学院，埃及汉语师资力量明显不足。这种情况在苏伊士运河大学孔子学院同样存在，而且更加突出。苏伊士运河大学孔子学院本土的师资力量相当薄弱，13名专职教师中，只有3名是埃及本国人，其余都是外教，3名埃及本土教师中只有一名有博士学位，可以上课，其余两名不具备授课资格，只能做助教。苏伊士运河大学孔子学院外籍汉语师资力量比较强，但是大都不会阿拉伯语，对埃及的风土人情和伊斯兰文化也缺乏深入的了解，这对汉语教育显然是不利的。除了本土师资不足，教学研究方面仅有《迪拜汉语教学环境调查研究》《母语为阿拉伯语的学生学习汉语的难点》《埃及孔子学院开展汉语教育特色项目的实践与思考》等少数论文，研究面较窄且缺乏持续深入研究，尤其对阿拉伯汉语学习者的汉语学习和习得研究不够，对汉语国际推广在该地区的理论支持不足。

此外，缺乏教学监督评价体系也是阿拉伯及周边地区的孔子学院汉语教育中存在的问题。阿拉伯学生的时间观念比较淡薄，也缺乏纪律观念，大学生一般不住校，不少学生家在别的城市，因距离远容易迟到，学校一般也不予追究，这样上课的时间就显得更少了。由于上课时间比较短，学的内容比较少，但因复习时间相对较长，学生的考试分数反而比较高，而事实上很多学生的汉语水平并不高。约旦TAG孔子学院采用的是培训班模式，学员基本凭自己的喜好出勤、做作业和练习，而学员们都还有自己的工作，就会时常缺席，不做作业，也不复习所学内容，逐渐跟不上学习进度，进而放弃学习。培训班在一期课程结束之后也不安排考试或者测评，学员学完一期课程自动升入下一期课程，学员们没有学习的压力，很容易造成学习动力不足，学习效果也不突出，进而不再继续学习。

阿拉伯及周边地区的孔子学院除了上述问题之外，还存在着中文图书资料不足、资源利用不充分、教学办公设备比较缺乏、管理不够完善、语言环境不佳、文化氛围不够浓厚等问题，这些问题对阿拉伯及周边地区的汉语教育产生了一定的影响。约旦TAG孔子学院成立之初，孔子学院总部向学院赠送了汉语教材、读物、教辅、影音等大批资料，学院专门建立了一个小图书馆，学员注册学习每册书的第一期课程时，就会免费得到该册书的教材、练习册及配套CD，而一册书分为多期课程，如果学员学完第一期课程，不再继续后面的学习，学院也没有归还上述资料的规定，所以往往第一册书不够用，后面的几册书则有大量库存，造成教学资源的浪费。TAG孔子学院应该尽快整理现有图书资料，建立和规范借阅章程，充分利用一切资源，让学员享受相关辅助资料学习服务，以增强其汉语学习效果和成就感。

三、关于阿拉伯及周边地区孔子学院建设的建议

从长远来看，孔子学院的竞争力主要体现在质量上，而不是数量上。因此，从实践中总结经验教训，对其存在的问题进行归纳和总结，寻找解决问题的有效途径，树立阿拉伯及周边地区孔子学院的品牌效应，已成为当务之急。这是阿拉伯及周边地区孔子学院进入内涵式发展阶段，完善其运营机制的需要，也是全球孔子学院自身发展的必然趋势。以上这些问题是制约阿拉伯及周边地区孔子学院汉语教育发展的瓶颈，因此，需要采取相关对策，突破这几个瓶颈，促使阿拉伯及周边地区孔子学院的建设进入可持续发展的快车道。

首先要找准发展类型，制订中长期规划，多渠道、多方式开展孔子学院建设。中国高度重视孔子学院工作和汉语国际推广事业的发展，孔子学院总部为充分发挥孔子学院这一综合文化交流平台的重要作用，提出了教学型、研究型、特色型、教学及文化推广型4种孔子学院发展模式，阿拉伯及周边地区孔子学院要利用国家实施“文化走出去”战略这一重大机遇，以阿拉伯汉语教育、汉学研究及文化推广需求为出发点，制订并严格执行符合自身发展的中长期规划。阿拉伯各国在经济、政治、文化等方面水平差异巨大，孔子学院工作应充分考虑所在国国情，可通过政府间合作、友好城市、校际交流等渠道，逐步展开。

其次是更新图书资料，完善教学设备。正在迅速发展中的孔子学

院，同样需要借用现代化的传播手段，包括广播电视、图书出版等，对阿拉伯及周边地区进行广泛的有效的中华文化传播，增强中国的软实力。然而随着生源的不断增加，阿拉伯及周边地区孔子学院现有的中文图书资料及教学设备已经不能满足汉语教育发展的需要，尤其是中文图书资料数量不足，品种比较单一，所以阿拉伯高校中文系和孔子学院应定期引进新版教材和中国语言文学、文化、经济贸易、科技、法律等方面的书籍，同时希望国家汉办继续支持阿拉伯及周边地区孔子学院的中文图书建设，把孔子学院图书阅览室建成当地最好的中文阅览室，使其成为阿拉伯学习者学习汉语和中国文化的第二课堂。此外，中文系、孔子学院也要完善其教学办公设备，尤其是多媒体设备，加强维护和管理，提高资源的使用效率，保证汉语教育工作正常有序进行。

同时还要加强交流合作，提升教学和科研水平。阿拉伯及周边地区的孔子学院不但要依托中阿双方学科、人才、科研优势，提升自身内涵建设，并积极为外方相关专家来华开展教学和研究提供帮助；还要与阿拉伯其他相关汉语教学和文化推广单位开展广泛的交流和合作，发挥孔子学院语言教学基地和文化传播中心的作用，进一步增强孔子学院在当地的影响力；此外还要加大阿拉伯各地孔子学院之间的横向联系，召开教学研究会和学术交流会，探索更加具有针对性的教学方法，利用网络平台，开展远程教学，提高孔子学院的辐射能力，研发符合阿拉伯特色的教学资源，建设阿拉伯汉语教育的理论平台，共享发展经验，共商发展之道。

综上所述，阿拉伯及周边地区的孔子学院在该地区汉语教育和中华文化传播方面做出了重要贡献，也遇到了一些问题。虽然阿拉伯汉语教育的现状还存在着这样那样的问题，但随着孔子学院章程的不断完善、财政支持力度的加大、高水平师资队伍的培养，在中阿政府有关部门和相关人士的共同努力下，一定能解决这些问题，为阿拉伯及周边地区汉语教育事业深入发展再添辉煌。

第四章　针对阿拉伯学习者的汉语教学模式

目的语环境下的汉语教育和非目的语环境下的汉语教育有很大差别，教学环境的差异性、多元文化群体和个体的不同学习需求，对教学提出了更高的要求，阿拉伯及周边地区的汉语教育不但是以阿拉伯汉语学习者为中心，以学习者汉语交际能力的获得为目标，以结构、功能、文化相结合为理念框架的汉语传播活动，而且也是在阿拉伯独特的文化语境下开展的跨文化教学活动，是汉语言文化作为异质文化在阿拉伯本土文化中的推广和传播，因此需要针对不同的教学对象、教学目标采取不同的教学策略。

多元化汉语教育理念和多样性汉语教育是阿拉伯及周边地区汉语教育发展到一定阶段，为了寻求长期可持续发展而采取的一种发展战略。随着汉语走出国门，在阿拉伯落地生根之后，汉语教育的深入发展便是需要认真考虑的现实问题。阿拉伯及周边地区的汉语教学模式是国际汉语推广海外教学模式的组成部分之一，阿拉伯汉语教育特点也应该是海外汉语教育的特点之一。因此运用语言学、应用语言学及第二语言教学理论对阿拉伯汉语教育进行研究，寻找提高教学效率、解决教学中存在问题的策略，可以把阿拉伯汉语教育推向更高水平，也可以提升中国语言文化海外传播的水平。

第一节　阿拉伯汉语教学的主要模式

汉语作为第二语言的教学是一个复杂的过程，影响它的因素比较多。汉语是一种语言，汉语教学法的主要理论基础是语言学，教学法的发展与心理学、语言学、认知科学等学科的发展密切相关。语法翻译法直接脱胎于历史比较语言学，听说法深受结构主义语言学和行为主义心理学的影响，交际法则孕育于人本主义心理学和交际能力理论的摇篮。对语言本质的认识，由索绪尔的“语言是一种符号系统”到将语言作为完成交际任务的工具，这一定义的转变使语言教学由课堂走向社会，由学习走向习得，由教师主导走向学生中心，对人的情感、意志、能力的关注成为与语言知识并行的重要研究领域，并最终推动了语言教学向更为人性化、科学化和个性化的方向发展。[①]

作为教学模式的核心组成部分，教学法的演变很大程度上决定了教学模式的发展。从第二语言的教学历史来看，教学法演变的实质也就是教学模式的演变史。课程设计（包括教学基本环境的调查、教学目标的确定、教学大纲的制定及教材的选择等）和大纲制定（对教学目的、内容、形式和方法的规定）都需要以教学法为核心（见图 4-1）。但是，汉语教学并不完全依附于语言学，它具有相对的独立性，因此，不能机械地将语言学流派与外语教学法看成一对一的关系。新教学法的兴起并不意味着旧方法的消亡，无论是传统的还是新兴的外语教学法都是在一定的历史条件下产生的，都各有长处和局限性。教师应当学习和掌握各种教学法的特点，根据具体的教学要求，为不同的教学目标与对象服务。

<table>
<tr><td colspan="4">第二语言教学流派</td></tr>
<tr><td colspan="2">重语言结构规则</td><td colspan="2">重语言功能意义</td></tr>
<tr><td colspan="2">课堂中自觉学习</td><td colspan="2">课堂内外交际中自然习得</td></tr>
<tr><td colspan="2">自觉实践法</td><td>自然法</td><td>功能派</td></tr>
<tr><td>认知派</td><td>经验派</td><td>人本派</td><td>交际法</td></tr>
<tr><td>语法翻译法</td><td>直接法</td><td>团体语言学习法</td><td></td></tr>
<tr><td>自觉对比法</td><td>阅读法</td><td>全身反应法</td><td></td></tr>
<tr><td>认知法</td><td>情境法</td><td>暗示法</td><td></td></tr>
<tr><td></td><td>听说法</td><td></td><td></td></tr>
<tr><td></td><td>视听法</td><td></td><td></td></tr>
</table>

图 4-1　第二语言教学流派示意图

首先，传统的语法翻译法是阿拉伯汉语教学中采用最多的教学方法和教学模式。语法翻译法是外语教学中历史最长、使用最广泛的方法之一，是用母语翻译传授外语书面语的一种方法。语法翻译法最早是在欧

① 刘珣:《对外汉语教育学引论》，北京：北京语言文化大学出版社，2000 年，第 283 页。

洲用来教授希腊语和拉丁语的外语教学方法，18 世纪末至 19 世纪中期，随着现代语言作为外语进入学校课程，语法翻译法开始被用来教授现代语言。语法翻译法先详细分析语法规则，然后将这些语法知识通过母语互译的方法达到教授外语的目的。前期，语法翻译法主要以外语译成本族语为主要具体方法，内容偏重于机械背诵语法规则，侧重如何了解外语；后期，语法翻译法主要以本族语译成外语为主要方法，侧重用外语表达本族语的内容。20 世纪至今，在众多学派的冲击和促进下，语法翻译法早已吸收了许多学派的方式方法而成为一种多层面多角度的语言教学方法。

阿拉伯汉语教学方法主要是以语法翻译法和技能实用派为主的传统学院派。[①] 埃及艾因·夏姆斯大学和苏伊士运河大学等高校使用的都是语法翻译教学法，重视汉语知识的传授，轻视听、说、读、写技能的训练。语法翻译法以汉语句子作为教学的基本单位，汉语语法教学是演绎式的，教材是汉语教学的主要依据，讲解、背诵、翻译和巩固练习是阿拉伯汉语课堂活动的主要形式，其教学目标是培养阿拉伯学生阅读汉语文学作品的能力并促进其汉阿翻译能力的提高。语法翻译法不依赖语言环境、教师指导和同伴激励的学习特征更符合阿拉伯成人学习者的特点，也为非目的语环境下的汉语学习和汉语教学提供了便利，这也是语法翻译法在阿拉伯及周边地区经久不衰的原因。显然，这样以文学欣赏和翻译为目标的汉语学习完全不能满足阿拉伯现代社会以汉语作为交际工具的需求。然而，语法翻译法简单的操作程序，轻松的备课任务，给阿拉伯汉语教学带来了很大便利，因而成为部分阿拉伯汉语教师的首选。语法翻译法是阿拉伯汉语教学法的鼻祖，也是汉语教学中最基本的方法，虽然它因为呆板、枯燥、教条等诸多缺陷为人所诟病，但仍不影响它成为众多阿拉伯汉语教师执教的法宝。

埃及艾因·夏姆斯大学的汉语教学重视词汇和语法知识的系统传授，注重语言规则的归纳和列举，属于典型的语法翻译法。在该大学的

① 夏耕：《从埃及汉语教育看汉语国际推广教学能力的培养》，《汉语国际教育人才培养现状及对策》，北京：北京语言大学出版社，2013 年，第 64 ～ 75 页。

语法翻译课本中，教学大纲大多以汉语语法知识点的顺序编排，并试图有组织、有系统地教授汉语语法，强调对汉语书面语的分析，课文主要作为汉语语法分析的材料，其语言教学模式是阅读—分析—翻译—讲解—背诵。该大学还强调对汉语经典文学作品和古代汉语的学习、对汉语语法理论的了解，阅读和翻译是基本教学方法，带有浓厚的语法翻译法的影子。

其次，阿拉伯汉语教学方法除了语法翻译法之外，听说法也开始被广泛采用。对阿拉伯汉语教育来说，听说法比语法翻译法更系统和全面，内涵也比后者丰富得多。听说法是“二战”期间因美国需要大量适应战时需要的口译人员而由一些致力于快速掌握外语口语的语言学家设计的教学法。听说法以结构主义语言学和行为主义心理学为理论基础，结构主义语言学运用于外语教学时，明确地将语言能力分解成听、说、读、写 4 方面的技能，体现这一观点的听说法，就将培养学生外语听、说、读、写的实践能力作为教学目的。同时，由于结构主义语言学的美国学派大多持描写语言学派的观点，他们视口语为第一性，书面语为第二性，认为口语听说能力的培养应优先于使用书面语的读写能力，因此，听说法有时也称“听说领先法”。听说法认为教学过程实质为刺激—反应—强化的过程，强调模仿多练的原则。

近几年阿拉伯汉语教学理念和教学方法有了明显改善，培养目标向技能实用人才转变，即语言类课型中技能课和综合课并重、学术研究性汉语向实用汉语发展，由原来的专业需求、学术研究需求转向求职就业需求等特点。“教学对象的转变，也必然会促进教学方向的调整。国际汉语教学更加注重世界各地汉语教学的大众化、普及化与可接受性。”[①] 开罗大学等高校则在语法翻译法的基础上，正逐渐向听说法过渡。翻译法和听说法这两种方法在理论上是互补的，语法翻译法强调语法和翻译，材料多来自古典文学，书面语性质强，以培养阅读能力为目的；听说法忽略语法，注重口语，先听后讲，通过反复操练句型养成语言习

① 田艳：《国际汉语课堂教学研究——课堂组织与设计》，北京：中央民族大学出版社，2010 年，第 258 页。

惯，弥补了语法翻译法在口语上的不足。

除了语法翻译法和听说法之外，阿拉伯汉语教育也开始使用交际法。交际法的理论基础是社会语言学，社会语言学对语言教学的重大贡献之一就是提出了交际能力的概念。交际法提出交际能力应由以下三个方面构成：其一是掌握语法，包括词汇、词法、句法、词义与语音等方面的知识；其二是掌握语言的社会功能，指使用语言的社会文化规则与语篇规则；其三是掌握使用策略，即为使交际顺利进行而采取的语言与非语言交际策略等，从而使人们对语言和语言能力的认识有了质的飞跃。

综观阿拉伯汉语教学法的历史，从传统语法翻译教学法发展到听说教学法，再发展到打破语言界限而与其他学科相结合的交际教学法，其理论基础从研究语言内部规律的传统语言学，发展到新兴的交叉语言学，再发展到新兴语言学和语言习得与学习的成果，理论逐渐深刻，视野不断扩大，内容日益丰富，方法更为多样。教学法的不同是与大学的培养目标密切相关的，以艾因·夏姆斯大学和苏伊士运河大学为主的传统学院派的目标是培养汉学与翻译人才，而以开罗大学为主的技能实用派的目标是培养实用的汉语翻译和导游。但是，任何一种新方法的产生，都建立在对旧方法合理扬弃的基础上，上文所说的某一教学模式，在阿拉伯汉语教学中，其实只是以某种教学法为主，不可避免地要使用到多种教学法。传统教学模式是为汉学研究服务的，因而重视汉语书面阅读理解能力的培养；现代教学模式是为求职就业服务，因而重视口语和听说交际能力的培养。同时，文学类研究性学习变成文化习俗知晓性了解，因此，阿拉伯及周边地区正逐渐由单一的语法翻译法向听说法、交际法和语法翻译法并存的多元化方向发展。从这个意义上说，阿拉伯汉语教学不存在绝对优越或绝对错误的教学模式或教学法，关键在于使用教学法的汉语教师必须根据教学目标和阿拉伯学生的需求与特点，选择恰当的方法，从而达到具体的、既定的教学目标。阿拉伯汉语教学还存在着诸多问题，需要认真研究，创造出符合阿拉伯汉语教学实际的汉语教学法。

第二节　针对阿拉伯学习者的语言要素教学

语言要素的教学是阿拉伯汉语教学中一个重要的环节，其目的是让阿拉伯学习者掌握汉语的语音、汉字、语法等语言要素，从而正确使用汉语，并快速而有效地提高汉语水平。近年来，随着阿拉伯及周边地区汉语教学工作的蓬勃发展，语言要素教学的研究也出现了前所未有的良好态势，一些研究者对阿拉伯文化圈的学习者由于母语的负迁移而导致的在语音、语法和词汇方面的偏误现象进行了研究，推动了阿拉伯及周边地区汉语教学和学科的发展，促进了针对阿拉伯学习者的汉语教学体系趋于完善和成熟。

一、语音教学

语言是人类最重要的交际工具，它由语音、词汇、语法三部分组成。语音是语言的物质外壳，是语言系统最外在的形式特征，也是语言学习的基础。语音的重要性决定了语音教学是第二语言教学的基础，是掌握听、说、读、写技能和交际能力的前提。[①] 对于把汉语作为第二语言的学习者来说，如果汉语发音不准确，即使词汇量再大，语法再正确，在实际交往中也不容易听懂别人的表达，别人也难以听懂他的意思。“在对外汉语教学中，语音教学是教学的起点，也是教学的基础，如果起点过于草率，基础没有打好，必然会影响整个学习过程，这本是显而易见的道理。”[②]

有着不同母语背景的学生在学习汉语语音时，难点不同，出现的错误也不同，因此针对不同母语背景的学生，研究他们互有差异的中介语系统，对于语音教学而言是非常重要的。阿拉伯语是一种拼音文字，是由闪语族的音节文字发展而来，自右而左横写。阿拉伯语有 28 个辅音字母，除其中 3 个可兼起元音作用外，没有专作元音用的字母，可在字母上方或者下方加符号表示，但这些符号通常被省略，只在初级阿拉伯

① 黄伯荣、廖序东：《现代汉语》(增订 2 版)，北京：高等教育出版社，1997 年。
② 赵元任：《语言问题》，北京：商务印书馆，1980 年，第 156 页。

语启蒙课本和《古兰经》版本中出现。在阿拉伯语28个字母中，由于喉音、顶音和咝字音多，还有长音、短音、叠音及舌颤音的参差错落，阿拉伯语发音响亮，很有动感。特别是“舌颤音”或称“舌弹音”，发音时由于舌头在口腔多次快速弹动将音发出，形成欢快悦耳的节奏，因此阿拉伯语发音具有鲜明的表达特征。歌德谈到《古兰经》的可读性时称赞说:“《古兰经》是百读不厌的，每读一次，起初总觉得它更新鲜了，不久它就引人入胜，使人惊心动魄，终于使人肃然起敬。”

语音教学是阿拉伯汉语教学的一个重要环节，目前对汉语与英语、日语、韩语等语言所进行的语音对比研究，成果较多，而对汉语与阿拉伯语及其他小语种的语音对比研究，成果相对较少。由于受阿拉伯语的影响，阿拉伯学生在学习汉语语音时会出现如下一些偏误。

（一）阿拉伯学生汉语语音习得中存在的问题

首先是声母的问题。对于阿拉伯学生来说，汉语声母的学习并不是太难。对比汉语和阿拉伯语两种语言中的辅音系统，可以看出汉语和阿拉伯语两种语言中声母基本相同的音有8个，分别为t、l、m、n、f、s、y、w。阿拉伯语的辅音系统比现代汉语发达，阿拉伯语有28个音，其中26个是辅音，而且这26个辅音的发音部位有唇音、舌面音、舌根音、舌尖音、舌叶音、小舌音、喉鼻音、喉音等，在发音方法上有擦音、塞擦音、鼻音、边音、颤音等，同时也有清浊对立、送气不送气之分。由于受阿拉伯语负迁移的影响，阿拉伯学习者常用已知的阿拉伯语辅音发音规律来代替汉语的辅音发音规律，于是产生如下偏误：把送气音读成不送气音，将p、t、k发成不送气音b、d、g；由于阿拉伯语辅音中三分之一是小舌音、喉鼻音及喉音，这些音的发音部位在口腔的最后部分以及喉头和喉壁，阿拉伯语学生在发舌根音（g、k、h）时，有时发的是喉音或喉壁音，发音部位偏后而又重浊；由于阿拉伯语中存在颤音，阿拉伯语学生在发现代汉语普通话中的r时常常会带上颤音色彩，或者卷舌过度，发音偏紧张，这些都需要格外注意。

其次是韵母的问题。阿拉伯学生在学习汉语韵母时难度要大些。现代汉语有 24 个声母，34 个韵母，汉语的韵母除少数外都可以独立构成音节，声母则必须与韵母相拼才能构成音节。而在阿拉伯语中，元音比较简单，只有 2 个半元音及 3 个元音，阿拉伯语的元音必须同辅音在一起才能构成音节，辅音却可以没有元音独立构成音节。这一点恰恰与汉语相反。阿拉伯学习者对韵母的偏误主要出现在单韵母和复合韵母上。从单韵母发音来看，阿拉伯语元音大多情况下都开口较小，发音比汉语中类似元音的发音偏前，阿拉伯学生容易把汉语的高元音发得低、把低元音发得高。比如 a 这个元音在阿拉伯语通常情况下发 [æ]，在发音部位稍后的辅音或与滑音拼读时发 [a]，阿拉伯语中没有 e 这个元音，对学生而言比较困难；从复合韵母发音来看，阿拉伯语中复合元音只有 2 个，十分简单，因此阿拉伯学生学习复合韵母时发音偏误较多，复合韵母中韵腹（主要元音）与韵头、韵尾的轻重长短问题也会让阿拉伯学生的发音产生偏误，无论是二合复韵母，还是三合复韵母，它们的 2 个或 3 个元音在发音的轻重长短上都不是等量的，其主要元音发得重一些、长一些，韵头、韵尾要发得轻一些、短一些，这一点不少阿拉伯学生是不太注意的。如果单韵母掌握得不好，困难就更大一些，比如阿拉伯学生常常把 ai—ei、ao—ou、ua—uo、an—en、ang—eng、en—in、eng—ing 相混，其原因在于单韵母的开口度没有掌握好。

此外是声调问题。汉语是有声调的语言，声调在汉语中有区别意义的作用，反映了汉语语音的基本面貌和基本特征。对于母语没有声调的阿拉伯学习者来说，声调是学习的难点。其一是阿拉伯学生学习汉语声调时往往掌握不好汉语的相对音高，阴平和去声发音不到位，具体体现在阴平不平，容易升高或降低，去声起调不高，结束时又降不到底。如阴平调的调值是 55 值，大多数阿拉伯学生将阴平调读为 33 值或 22 值，读音不够高；去声的调值应为 51 值，大多数阿拉伯学生发去声时起调点较低，常读成 31 值。其二是变调和轻声、儿化问题，阿拉伯学生与其他国家的留学生一样，对上声、“一”、“不”的变调及轻声和儿化掌握得不是很好。汉语的语音会在语流中产生音变，还有轻声和儿化，因而阿拉伯学习者在汉语语音中会产生较大的偏误。上声的变调是阿拉伯学生最易出错的地方。上声的变调有两种，一种是在上声前，读成阳平；一种是在其他声调或轻声前，读半上声。阿拉伯学生对上声的第一种变调问题不大，但掌握不好第二种变调，常常把半上声读成二声，可能是对第一种变调规律泛化的结果。汉语中有大量的轻声词，轻声词不仅有区别意义的作用，而且还带着特殊的感情色彩，因此读准轻声词很重要。汉语的轻声是一种音长和音强现象，轻声的音长较短，音强较弱，常常用在一个词的末尾，读起来又短又轻。阿拉伯学生很难掌握长短、强弱的尺度，不是太长，就是太强，常常读成去声。

（二）针对阿拉伯学生的语音教学策略

教学方法是指为完成一定的教学任务，在教学活动中所采用的方法。[①] 在汉语语音教学中，通过汉阿语言对比找出汉语声母、韵母、声调及音节的特点，充分利用汉语语音特点进行强化训练，采用科学、灵活、可操作的语音教学方法，是使阿拉伯学习者牢固掌握汉语语音的关键。

1. 关于声母和韵母的教学

第一，要根据发音部位和发音方法的要求发好汉语独有的音。汉语有 21 个辅音声母，一个零声母，阿拉伯语则有 36 个辅音。汉语普通话中的塞音和塞擦音有系统的送气和不送气音的区分，相对应的送气音与不送气清辅音有 12 个；阿拉伯语辅音系统也有清音和浊音的区分，相对应的清浊辅音有 22 个，不成对的清辅音和浊辅音有 14 个。阿拉伯语学生经常混淆舌面音 x 与舌尖后音 sh。这是因为阿拉伯语中有舌叶音，发音部位介于舌面音与舌尖后音之间，对这两个音产生了负迁移。在教学中，应借助发音部位的讲解及手势法，反复进行操练，在 z、c、s 和 zh、ch、sh 这组难音的教学中可以采用手势法。所谓手势法就是用双手模拟口腔与舌头的动作，让学生看清发音器官的准确位置。手势依据代表内容不同，展示方法也不同。例如由两只手配合展示口形、舌位、舌齿摩擦的动作；又如教卷舌音，可以一个手心向下，四指并拢，另一

① 刘珣：《对外汉语教育学引论》，北京：北京语言文化大学出版社，2000 年，第 95 页。

个手心向上，手指弯曲。考虑到动作的复杂性，也有单手展示的，例如一只手四指并拢，如果四指与拇指接触，表示舌尖和齿接触后发出 z、c、s 的音；如果四指与拇指没有接触，只是向其弯曲，表示卷舌发出的 zh、ch、sh 的音。因为口腔内的发音不好表达，用手势法就比较直观了。

第二，对于中阿对应或者类似的音，要通过对比进行重点练习和强化训练，降低母语负迁移的影响。阿拉伯学生的语音偏误主要是受阿拉伯语音系统的干扰和影响。音位是依语音的社会属性划分出来的，即一个语音系统中能区别意义的最小语音单位，也就是按语音的辨义作用归纳出的音类。一个音位在不同的语言里可能会有不同的变体。[①]一般来说，阿拉伯学生只对自己母语里有区别作用的音位特别敏感并容易分辨，容易发准，而对母语中没有的音位则很难辨别，更难发准，就会忽略汉语某些音位中的一个或几个区别性特征，把汉语的音位和阿拉伯语的音位等同起来，并按照阿拉伯语音位的发音模式去发汉语的音位。“不同的语音特征影响着使用不同语言的人对语音的敏感很不相同。对于自己语言里有的音，特别是能区别意义的音，一般人即使没有学过语音学，也能分辨清楚。相反，对于自己语言里没有的音（或者有其音但不区别意义），如果不经理论上的指点和实践上的训练，总觉得模糊难辨。”[②]教师除了要加强有关汉语语音特点的研究之外，还必须运用语音对比的方法进行教学。通过对比，可以引导阿拉伯学生去体会汉语发音的特点。教师在语音教学之初尝试引导学生把汉语普通话和阿拉伯语的语音进行对比，讲清两者发音上的细微差别，这样学生就会注意到两种语音的异同，对汉语语音产生一个较为理性的认识。

第三，在教学中还要重点区分汉语送气音和不送气音与阿拉伯语清音和浊音的不同。阿拉伯学生在学习汉语 b、d、g 与 p、t、k 两组声母的时候，需要在发音上摆脱阿拉伯语负迁移的影响。由于汉语声母系

① 许光烈：《语音对比与对外汉语语音教学》，《广州大学学报（社会科学版）》，2006 年第 8 期。
② 陈亚川：《送气音在对外汉语教学中之地位及其识记问题》，《语言教学与研究》，1983 年第 3 期。

统严格整齐，不送气音 b、d、g、z、zh 与送气音 p、t、k、c、ch 呈现出整齐的语音面貌，所以，在对阿拉伯学习者的汉语拼音教学中，教师应对声母进行分组区别并反复训练。又如在教授 r 这个音时，如发现学生发成颤音，一定要指出 r 和颤音的差别，发 r 时舌尖不接触上颚，舌头状态稳定，发音时气流较轻，并配合手势来演示两个音舌位的差别。总之，声母教学要尽可能利用正迁移、克服负迁移，以提高语音教学的准确性。

2. 关于声调教学

声母、韵母和声调是构成汉语音节的三要素，汉语中声调的高低升降具有区别意义的作用，声调掌握得好与坏直接影响交际的效果。但对于第一语言是无声调语言体系的阿拉伯学生来说，掌握汉语的四个声调显得困难重重。

首先，声调的训练要根据难度不同分阶段进行。字调教学是汉语声调教学的基础阶段，字调指声音的高低、升降、曲直变化，在汉语声调教学中，为了便于学生理解和掌握，可以适当地简化四声，不必告诉学生语音术语，只需让学生知道汉语有四个声调，分别是第一声、第二声、第三声和第四声，发音特征简化为“平、升、曲、降”即可，然后让学生进行模仿练习、唱四声练习和声调的听辨练习，其中“唱四声”的训练可提高阿拉伯学生对汉语语音学习的兴趣，可以使学生通过唱读来感受汉语声调的美感，找到每一个音节高低升降的变化和不同，初步形成对四个声调的感悟能力。

其次，在发好单字调的基础上，重点进行语流中的声调训练。汉语不是由孤立的音素组成的，而是由音素结合成的连续语流构成的。在语流中相邻音素互相影响，使这些音素的发音产生了一定程度的变化。汉语的语流音变主要表现在三声的变调、“一、不”的变调上，阿拉伯语虽然也有语流音变，但是与汉语的变调完全不同，主要体现在辅音和元音的变异上。在汉语语流音变的教学中，可以采用由模仿到记忆的方法，因为在初级阶段，给学生讲解语流音变的规律是不合适的，要让学生先模仿，经过由模仿到记忆的循环反复，才能牢牢地记住所学的内容。经过一段时间的模仿后，教师再用图示总结规律，比如讲解三声变调、“一”和“不”的变调、轻声、儿化、“啊”的音变时，均可采用先模仿记忆再图示归纳的教学方法，简洁易懂，事半功倍。

语音教学应该贯穿于阿拉伯汉语教学的全过程。在语音教学的入门阶段，主要教授普通话基本声、韵、调的拼读及轻声、儿化等特殊拼读规则，应当让阿拉伯学生准确掌握普通话的语音特点和语音规则，帮助阿拉伯学生正确掌握汉语的发音方法，同时掌握四声基本调值的读法，为汉语的进一步学习奠定扎实的基础；在语音教学初级阶段，主要是复习语音学习阶段的内容，将音素教学、音节教学和语流教学结合起来，教授重音、停顿及语调等内容；在语音教学的中、高级阶段，主要任务就是有针对性地正音，注重声调、语调的练习，培养阿拉伯学生对声调的敏感，掌握声调在语境中的变异，中、高级阶段的语音教学非但不能放松、忽略，还应该将新旧语音知识与词汇、语句、篇章的操练结合起来，从而更好地提高阿拉伯学习者汉语语音水平。

二、汉字教学

无论何种形式的汉语教学，汉字的学习与训练都是必不可少的内容。汉字是音、形、义的结合体，体现着汉语文化和汉族群体的思维特征。汉字与拼音文字相比，存在着记忆、书写难度，但汉语的独特与有趣之处也正在于其字形和结构。激发阿拉伯学习者认读、书写、记忆汉字的兴趣，培养其使用汉字的能力，是针对阿拉伯学习者汉语教学的主要任务之一。所以，不论是在对阿拉伯汉语教学的理论研究中，还是在为阿拉伯学习者编写的汉语教材中，都要注重汉字教学的内容和实践环节。

阿拉伯文字是由弧线、圈、点组成的线形文字，书写时从右向左，笔画之间无交叉。阿拉伯语字母有上浮、下浮、中线的独特结构，可塑性很强，将这套字母运用于书法艺术中，在造型上时而成圆，时而成方，气势磅礴、跌宕起伏、豪放粗犷，因此阿拉伯书法艺术作为阿拉伯民族特有的文化遗产，独树一帜，其艺术效果是其他文字难以达到的。

汉字历史悠久，对非汉字文化圈的阿拉伯学生来说，汉语最难学的部分就是汉字。汉字三要素为形、音、义，“汉字在形式上是音义结合的平面图形，图形特征是单独的一个个方块，笔画横平竖直，基本走向是由上到下，从左往右，先中间后两边”。[①] 对于母语文字是表音文字的阿拉伯学习者来说，汉字是方块字，其基本笔画除了方向不同外，大部分都是由直线构成的，而且笔画组合较多，交叉点也多，同时汉字涉及字音、字形、字义三方面，需要在熟记语音和字义的基础上，再建立一个庞大的汉字系统，因此，对习惯于书写字母文字的阿拉伯学习者来说，在汉字书写过程中只能是照葫芦画瓢，但同时又受到母语负迁移的影响，将汉字的锋度写成字母文字的弧度，从而出现笔形错误、笔画增减或错误、部件配合错误、部件变形等偏误现象。

汉字的总量非常多，常用到的有三四千个，这些汉字基本上能“覆盖所有中文读写材料的 99.9% 以上”。[②] 对于中国人来说，这个数目不算多，但对于阿拉伯学生来说，要学习这么多的汉字，并且要达到了解、熟悉并能正确运用的程度，至少要花费三到四年的学习时间，由此造成非汉字文化圈的阿拉伯学习者记忆负担加重。目前针对阿拉伯学习者的汉字教材很少，针对性的汉字教学法也没有形成成熟的体系，阿拉伯学生大多数都是在精读课学习中通过教师的直接讲授学习汉字，效率不高，效果也不好。“汉语教学今天面临的最大挑战，一方面是文化和语言教学的融合，另一方面是汉字的教学。如果不接受这两场挑战并马上寻找出路，汉语教学恐怕没有再向前发展的可能性。”[③] 汉语有其自身的特殊性，因此，如何让阿拉伯学习者更好地、更高效地掌握汉字，加强汉字学习效果，是目前针对阿拉伯学习者汉字教学亟待解决的问题。

（一）汉字习得中存在的问题

受母语负迁移作用的影响，阿拉伯学生出现的汉字习得错误主要

---

① 鲁健骥：《中介语理论与外国人学习汉语的语音偏误分析》，《语言教学与研究》，1984 年第 3 期。
② 程朝晖：《汉字的学与教》，《世界汉语教学》，1997 年第 3 期。
③ [德] 柯彼德：《汉字文化和汉字教学》，《第五届国际汉语教学讨论会论文选》，北京：北京大学出版社，1997 年，第 582 页。

来自三个方面：一是视觉转换障碍。阿拉伯学生属于非汉字文化圈群体，以拼音文字为背景。阿拉伯文字可以直接拼读，字形结构成单向线形排列，拼读和识记都较为简易。而汉字是立足于表意的形、音、义结合的平面文字，笔画走向分上下、左右、内外，且交叉重叠，组合较为复杂，“非汉字文化圈留学生初接触汉字往往会视觉混乱，读写不得要领”。[①] 二是识记障碍。阿拉伯文字是形、音合一的文字，字母有限，只要能读出来，就能写出来。而汉字起源于图画，是象形文字，是形、音、义的结合体，虽然随着汉字的不断演化和发展，出现了大量的形声字，但汉字总体来说是表意文字，无法直接拼读出来，且汉字同音字、多音字众多。由于某些汉字笔画的差异很细微，阿拉伯学生初看起来觉得都差不多，稍微记忆不清就会写错，如“主”和“玉”，“人”和“入”等；或者知道字音，但是忘了字形，会出现把“公司”写成“工司”的书写错误，把“期”“和”“须”等字的左右部件写反等错误。三是书写障碍。“语言心理学认为，左脑擅长语言素材的加工，右脑擅长对图形和空间刺激进行加工。拼音文字同时携带着声音符号构成语言信息，由左脑加工处理；而汉字具有极强的图形性，人们借助对汉字的整体识别来区分字义，汉字同时也包含了丰富的语义、语音信息，所以人脑对汉字信息的处理是左右脑并用。”[②] 阿拉伯文字是从左到右线性排列的书写方式，非常便于认读和书写。阿拉伯学生受母语负迁移的影响，用书写阿拉伯拼音文字的方式容易将棱角分明的汉字画成弧形文字，致使汉字书写和认读的偏误。

（二）“字本位”的汉字教学模式

阿拉伯汉字教学的开展要以一定的语言学和习得理论为依据，只有根基稳固，才能有正确的教学方法，并取得良好的教学效果。现有阿拉伯汉字教学的理论依据主要是“词本位”系统，在“词本位”理论的指导下，阿拉伯学习者重视词的认读和翻译，重视构句方法的教学，却并

① 赵悦：《非汉字文化圈留学生汉字习得规律与教学研究》，《东北财经大学学报》，2005年第4期。

② 同上。

未认识到汉语中字和词的关系，即词是由语素构成的，这样阿拉伯学习者在随后的学习中再遇到含有此字的词时，仍然无法推测其词义。这种现象即使在中、高级汉语教学阶段也仍会发生，这无疑增大了阿拉伯学生的词汇记忆量。“无论在语言学和教学理论方面，在教材的编写原则方面甚至在课程设置方面，不承认中国文字的特殊性以及不正确处理中国文字和语言特有的关系，正是汉语教学危机的根源。”[①] 这种以词本位理论为基础的教学方法，成为阻碍阿拉伯汉字教学难以朝更深的方向发展的重要原因。

在汉字教学研究中，一直存在着“语文并进”和“语文分进”两种观点，尽管观念各异，但是大多数专家一致认为，“汉字教学长期处于困境的突出表现，是汉字教学未能按汉字和汉字教学自身的特点和规律教授汉字”。[②] 汉字与语素基本上是一一对应的，在汉字教学中语素和短语起着举足轻重的作用，因此有专家学者提出了以“字本位”为基础的汉字教学模式。“字本位”是以字为基本单位，在此基础上形成“字、词、句”三级语法单位，要“从基本结构单位——字出发，以字带词，以词带句”。[③] “字本位”系统突破了汉字在教学中的附属地位，改变了“词本位”不符合汉语特点造成教学困难的弊端，应当说“字本位”为汉字教学特别是阿拉伯汉语教学开辟了新的教学思路和方法。

运用“字本位”对阿拉伯学习者进行汉字教学时，要注重培养“写、念、认、说、查”5种汉字能力，尤其要强化认读能力，重视培养“字感”；同时引导阿拉伯学生了解汉字的多个义项，培养理解汉语构词方式和义项选取的能力，鼓励阿拉伯学生根据熟悉的汉字猜测语篇的主要内容，以期过渡到高级阶段的“猜词”能力。“以字推词”也是阿拉伯学生复习汉字的一种好方法，过去在以汉语作为母语的小学教育中曾使用过集中识字法，这种“以字推词”的教学方法对阿拉伯汉字教学也有显著的效果。例如当阿拉伯学习者学到“车”时，以“车”作为

① [法]白乐桑：《汉语教材中的文、语之争：是合并，还是自主，抑或分离？》，《世界汉语教学》，1996年第4期。
② 李大遂：《关系对外汉字教学全局的几个问题》，《暨南大学华文学院学报》，2008年第2期。
③ 吕必松：《汉语和汉语作为第二语言教学》，北京：北京大学出版社，2007年。

常用词，集中学习“摩托车”“自行车”“汽车”等词，用这种方式可以培养阿拉伯学生记忆汉字的能力，扩大词汇量。

但是，采用“以字推词”的汉字教学法，并不意味着要在阿拉伯汉字教学中采用集中识字的方法，而是把它作为一种辅助教学手段贯穿在阿拉伯汉字教学中。就目前阿拉伯汉字教学情况来看，“字本位”这种方法也存在着一定的弊端，它过分强调汉字的系统性，缺少与语言交际能力的结合，同时集中识字记忆量过大，会导致阿拉伯学习者产生对汉字学习的厌烦情绪。

（三）培养留学生对汉字结构的认识，重视笔画教学，加强部件教学

阿拉伯学生汉字认读和书写的错误，主要来自部件层面和笔画层面，其原因是阿拉伯学生记忆汉字时没有将整字分解为部件，而是作为整体来记忆，因此要培养阿拉伯学生对汉字形体的认识，要重视笔画教学，加强部件教学。

现代汉字的结构可以分为整字、部件、笔画三个部分。其中部件是整字和笔画的中介，也是结构的核心。因此，在阿拉伯汉字教学过程中要加强部件教学，将整字拆分，引导阿拉伯学生认识各个部件，认清整体与部件的关系，培养学生的部件意识。用记忆部件的方法来帮助记忆整字，用部件组合的方法来学习汉字，可在相当程度上减少阿拉伯学生来自部件层面的偏误；同时还要把汉字的部件教学和结构教学相结合，加强汉字笔画教学和书写训练，笔画是构成汉字的最基本单位，先于部件存在，避免笔画的冗余和缺损有利于部件的书写和识记。因此，在面向阿拉伯学习者进行汉字教学时，笔画教学仍然是重点。笔画教学指的是现行汉字 5 种基本笔画（横、竖、撇、点、折）和常见的 24 种宋体复合笔画（横类、竖类、撇类、弯类 4 类）的教学，旨在引导阿拉伯学生熟练规范地书写这些笔画，避免在书写汉字的过程中出现因笔画变形造成的错别字，以及帮助阿拉伯学生正确识记和书写部件。

在阿拉伯汉字教学过程中，应该充分发挥阿拉伯学生记忆、书写汉

字的积极性，有意识地引导阿拉伯学生掌握汉字的特点与规律，帮助阿拉伯学生克服对汉字的畏难情绪。[①]汉字部件及结构的展示可以利用简易图或者多媒体技术进行直观教学，以部件教学为基础，再由部件过渡到结构训练，把汉字结构的基本理论寓于形象直观的教学实践之中。[②]此外，在教授汉字的同时，教师应该加强阿拉伯学生对汉字的书写训练，书写练习从端正姿势做起，汉字的笔画、运笔方式、间架结构和结构比例都不能马虎，书写训练的主要方式有描红、临摹、抄写等，也可以通过举办硬笔写字比赛，给学生提供一个相互观摩的机会。

汉字教学是一个长期的任务，贯穿于阿拉伯汉语教学的整个过程。"我们必须认识到，汉字教学是汉语作为第二语言教学不同于其他语言教学的最大区别之一。只有突破汉字教学的瓶颈，创建具有特色的汉语作为第二语言教学法，才能全面提高综合运用汉语的能力。"[③]汉语教学中的汉字教学可以有一个相对集中的强化阶段，在这个阶段中，通过教授上百个基本汉字来帮助阿拉伯学习者了解汉字系统的基本知识，掌握汉字的基本规律，为以后的汉字教学打下良好的基础。由于阿拉伯学习者是在非目的语环境下学习汉语，缺乏汉语环境，汉字环境更是稀有，所以教师在汉语教室里挂上书法作品，设立汉语学习园地，循环播放汉字 Flash 等影像资料，增加中国元素；此外还可以带领学员参观中资公司，收集中文版的报价单、宣传册、广告等，或者去中国餐馆练习用中文菜单点餐，或者使用从网上下载的如机场指示牌、机票、通知、表格等图片，通过这些实用性较强的汉字练习，使学生有意识地运用已有的汉字知识，自觉地获取信息，提高汉字能力。

三、语法教学

阿拉伯语是世界上最古老的语言之一，其语法系统庞大而又复杂。阿拉伯语法分为词法和句法两大类，词法主要研究词的构成、分类、性质及其变化规律，句法主要研究句子结构、类型、特点及句子中各种成

① 肖奚强：《略论偏误分析的基本原则》，《语言文字应用》，2001 年第 1 期。
② 杜同惠：《留学生汉字书写差错规律试析》，《世界汉语教学》，1993 年第 1 期。
③ 赵金铭：《汉语作为第二语言教学：理念与模式》，《世界汉语教学》，2008 年第 1 期。

分的语法格位。阿拉伯语有三大种类的词汇，即名词、动词和虚词，所有在句子中可以充当主语与宾语的词语都被划分到名词的范围内，阿拉伯语中的名词存在性别、数量及格式的差异，名词在句子中的地位是通过词尾的变位来表现的。动词也存在人称、性别、单复数以及不同时态和语态的区别，阿拉伯语中的实词主要通过格来表现它在句子中的地位，语序存在一定的灵活性，被修饰语应该放在修饰语之前，修饰语和被修饰语的位置是固定的。由于主语的人称、性别以及单复数的不同，谓语会发生相应的变化与之相适应，并与主语的结构相对应。汉语和阿拉伯语截然相反，汉语没有词汇形态的变化，通过增加助词或副词来表达语法的语义，所以汉语被称为语义型的语法体系。

除了句法之外，阿拉伯语的构词法也有独特的规则，每个词汇都有其内部词根和派生关系上的曲折变化，通常一个词根可派生出若干含有不同时态的动词和不同含义的名词。构词时先由几个辅音搭成词根框架，然后填进不同的元音，或附加词缀，形成表示各种不同概念的派生词（正是因为这个原因，阿拉伯语的书写体系可以不表示元音，而由读者自己去填入正确的元音）。在阿拉伯语里可以由一个词根派生出很多个不同含义的名词或者不同时态的动词，例如“书写”的词根是 k—t—b 这三个辅音，填进不同的元音或附加词缀后，构成 Kataba（他写了）、Yaktubu（他正在写）、Uktub（你写！命令式）、Lam Yaktub（他未写）、La Yaktubu（他不写）等各种派生动词，又可构成 Katib（书写者、作家、文书）、Maktub（被书写的、书信、文章）、Kitab（书、经、作品）、Maktab（书房、办公室、书桌）等各种派生名词，由以上派生动词和名词又可继续演变出意义相同而人称和性、数各异的诸多词汇。

（一）阿拉伯语法教学的交际性和实用性原则

语法教学是为了使阿拉伯学习者更好地使用汉语进行交际，而不是为了进行学术研究，因此，阿拉伯语法教学要注意交际性和实用性原则，也就是说，语法教学要和汉语的语义、语用结合起来，让阿拉伯学生学会使用恰当的汉语进行交际。“语法教学，从总的方面说，是很重要的，因为通过语法教学可以使学生能准确地理解、准确地表达，尽量减少表达（包括口头表达和书面表达）中的语法毛病。”[①]汉语具有具象性和语义性的特点，这种具象性和语义性体现着汉民族和汉文化独有的思维方式。在阿拉伯汉语教学过程中，教师通过解释汉语语法现象，揭示汉语母语使用者的思维特点，有助于培养阿拉伯学习者的汉语思维能力。另外，成年人学习语言，应该从掌握规律和理解本质属性的思路出发，了解和掌握目的语的语法规则。阿拉伯学习者对于汉语语音、词汇的学习，不需要太多的规则，只需要记住，而语法却不只是需要记住，还要领会其意义，把词语按照一定的语序组合成句。一个语句要注意主、谓、宾、定、状、补等句子成分的位置，要注意语序语气，因此在针对阿拉伯学习者进行语法教学的过程中要对语用和语义进行详细解释，让阿拉伯学生明白怎样表达才合乎汉语语法的习惯和要求。

阿拉伯汉语教学的核心目标是培养阿拉伯学习者语言的综合运用能力，而汉语的综合运用能力在某种程度上就体现为学习者所获得的汉语词法和句法能力。从另一角度来说，阿拉伯学习者的汉语综合运用能力就是其在具备语音、词汇基础技能之上的汉语语法的领悟与应用能力。在阿拉伯语法教学中，要求教师采取交际性和实用性的教学原则，化难为简，引导和帮助阿拉伯学习者了解汉语语法的基本规则。“汉语老师要善于发现并抓住学生在学习汉语过程中出现的带普遍性的语法错误，给以改正，而且要求汉语老师要善于分析学生出现某种语法错误的原因，要善于确定解决学生某个语法错误的突破口，要善于针对学生中出现的某种语法错误运用已有的研究成果来做出明确而又通俗的说明。”[②]要做到语法教学的交际性和实用性，汉语教师不但要具备扎实的汉语语法基础知识，还要有研究和分析汉语语法的能力。

目前，阿拉伯语法教学中常用的还有归纳法和演绎法。归纳法是先列出例句，然后从中归纳出语法规则；演绎法则相反，先说出语法规则，再列举例子详细说明。当学生掌握了较多词汇的时候，也可以对比

① 陆俭明：《现代汉语语法研究教程》，北京：北京大学出版社，2003 年，第 294 页。
② 同上书，第 304 ～ 305 页。

相近或者相反的语法点进行教学。“其次，要解决语言现象中的异同问题，这是正误问题的深入，于是便要涉及深层而具有隐性的语义理解；最后，要解决高下问题，就是语言的得体性问题，这是语言的应用问题。这样的过程反映在语法教学的阶段划分上，正好是初、中、高级三个阶段。”[①] 也就是说，语法作为汉语语句和语篇的规则体系，其教授与讲解不但要以阿拉伯学习者汉语词汇与语篇知识的获得与积累为基础，而且要伴随这些基础知识的习得不失时机地点滴引导。但是无论是归纳法还是演绎法，都要重视阿拉伯学生学习汉语的主体地位，语法的最终目的是要让阿拉伯学生自己能够独立运用，所以，最终还是要让阿拉伯学生多进行举例练习，达到学以致用的目的。

阿拉伯语法教学中另一种比较直观的教学方法是情境法。情境法是指在教学过程中，汉语教师有目的地引入或创设具有一定情绪色彩的、以形象为主体的场景，以引起阿拉伯学生的情感体验，从而帮助阿拉伯学生理解教学内容的教学方法。情境法对情境的依赖性较强，一般利用课堂上的景物或者教师事先准备好的教具进行教学。情境化教学法适合讲授和训练较简单的语法项目，对于较为复杂的语法项目，需要教师进行系列化的情境设计，通过不同情境的连接与过渡使较难的语法由浅入深地被阿拉伯学习者领会和接受。比如，“把”字句是汉语的一种强标记式句式，是在汉语中使用频繁而阿拉伯语所没有的句式，对阿拉伯学习者来说，它是全新的、又是必须要学会的汉语结构。“把”字句语义结构和形式结构都较复杂，教师需要设计和构思一些简洁巧妙的方法，利用情境法将阿拉伯学生引导到对“把”字句的理解与学习中来。在讲授“把”字句时，可以利用教室的“门”作为引入语法点的道具，教师先做出关门的动作，让学生说出“门被老师关上了”，“老师把门关上了”，由此引出“把”字句。在对“把”字句的语法内容和规则进行讲解的基础上，进一步利用教室的实物进行操练，比如窗户、书包、粉笔等，学生或老师做动作，然后用“把”字句说出刚才的动作。

① 赵金铭主编:《对外汉语教学概论》，北京：商务印书馆，2010 年，第 407 页。

情境教学法比较生动形象，符合阿拉伯学生在课堂上比较活跃、喜欢参与的学习特点，达到使阿拉伯学生在轻松有趣的氛围中掌握语法知识的目的。

运用情境法对阿拉伯学生进行语法教学时，特别是在选择和创设情境时，注意要在了解阿拉伯学生已有的认知结构和生活经验的基础上创设情境，选取的情境要尽量贴近日常生活，让阿拉伯学生有话可说；也可以从教材里选定相似的情境，利用阿拉伯学生熟悉的地点、人物、事件等进行操练，创设的情境要易于阿拉伯学生理解；此外，教师的指令也要简洁明确，不占用过多时间，也不能让设置的情境给阿拉伯学生带来额外的难度，如果这样就违背了情境设置和运用的初衷。

（二）利用汉阿语言对比，针对阿拉伯学生的语法难点和语法偏误进行教学

语言对比和偏误分析是语言学习者在学习第二语言的过程中避免不了要出现的情况。偏误分为语际偏误、语内偏误和认知偏误 3 种类型，语际偏误是由母语负迁移引起的偏误，语内偏误指第一语言内部发生的偏误，而认知偏误指因学习者的认知能力跟某些语言规则产生矛盾而出现的偏误。阿拉伯学习者在学习汉语时会出现一些偏误，教师根据偏误产生的原因进行纠正，这样有目的性和针对性的纠正，可以引导阿拉伯学习者将汉语语法与阿拉伯语法进行对比分析，以防再次出现类似的偏误。

汉语语法中补语的教学是针对阿拉伯学生语法教学的难点。阿拉伯语和汉语属于两种不同的语言系统，在语法结构上也存在很大的不同，由于汉语词汇不像阿拉伯语那样有时态的变化，所以汉语中补语种类繁多，如结果补语、趋向补语、可能补语、状态补语等，使用起来也灵活多变，不易掌握。在阿拉伯语中并不存在汉语中所谓的补语，阿拉伯语有其自身的表示动作的结果或者趋向的语法特点，这种表达方法和汉语截然不同，由此导致阿拉伯语学生不能很好地掌握补语的语义、结构以及使用位置，忽视补语在语义和语用中的独特性，容易出现补语缺失、

表意不清等各种偏误。

由于阿拉伯语中没有趋向补语，阿拉伯语学生在使用汉语趋向补语时常常出现遗漏偏误，趋向补语的基本含义对于阿拉伯学生来说出现的偏误很少，主要是引申含义常让阿拉伯学生难以理解和运用。教师可以引导阿拉伯学生将汉语的趋向补语与阿拉伯语进行对比，比如“我想起来了，你叫玛丽”这句话，阿拉伯语的表达方式是“我想起玛丽你叫”，也就是说在阿拉伯语中趋向补语“起来”只用了“起”；再比如“我回过头去对他说”这句话，阿拉伯语的表达方式是“我回过头对他说”，省略了趋向补语“去”。通过对比，阿拉伯学生可以总结出，汉语的趋向补语的引申义在阿拉伯语中表达时，只用复合趋向补语中的前一个趋向动词，因此，阿拉伯学生在使用补语的引申用法表达时，就要特别注意不要遗漏趋向动词的使用。

在对阿拉伯学习者的汉语语法教学中，教师在实用性和交际性的教学规则指导下，适时使用归纳法、情境法和偏误分析法等教学手段进行语法教学，不但能有效提高语法教学效果，而且能使阿拉伯学生更好地理解并主动地运用汉语语法规则，提高汉语的交际技能。在对阿拉伯汉语教学中，语法教学具有广阔的研究空间，还需要不断研究和完善，让语法教学在阿拉伯汉语教学中发挥更大的作用。

第三节　针对阿拉伯学习者的文化教学

在阿拉伯汉语教学中，文化教学的必要性和重要性在中阿汉语教学界已取得共识。“第二语言教学和外语教学都属于跨文化教学，主要体现为教学内容——目的语本身以及与语言交际相关的文化，对于学习者来说都属于另一种文化；学习者学习目的语的过程实质上是跨越自己的母文化学习另一种文化的过程；教师教授目的语的过程也是教授给学习者另一种文化的过程。因此，对外汉语教学是一种跨文化的教学，学习者无论是当前还是未来，只要是以目的语为工具进行交际，就是一种跨文化的交际活动。”[①] 语言是文化的载体，教授语言的同时还需要讲授语言所承载的文化内容，文化教学在阿拉伯汉语教学中是必不可少的环节和内容。

由于历史和宗教的影响，每个国家都有独特的文化。文化是一个群体在一定时期内形成的思想、理念、行为、风俗、习惯，及由这个群体整体意识所辐射出来的一切活动。文化本身是一个动态的概念，是一个历史的发展过程，因此，文化既具有地域特征和民族特征，又具有时代特征。阿拉伯和中国两个民族自古以来在生活环境、生产方式、风俗习惯及宗教信仰等方面有所不同，形成两个不同文化系统的民族。阿拉伯及周边地区是一个幅员辽阔的、多民族的集合体，除阿拉伯人外，还有埃及人、印度人、波斯人、西班牙人、叙利亚人等，各民族通过互相接触、互相影响，逐渐融合渗透，共同创造了阿拉伯文化，可以说，阿拉伯文化是各族人民共同劳动和集体智慧的结晶。阿拉伯的文化核心是伊斯兰文化，阿拉伯各国是在伊斯兰教基础上建立的国家，居民中约97%为穆斯林，各国宪法都把伊斯兰教作为国教。伊斯兰文化强调信仰真主和功修，对真主的信仰规范着人类的意识形态与道德观念，为阿拉伯人的行为提供正确的信息与指导，功修则规范阿拉伯人的具体行为，指导可行与不可行的具体事情与事务。对阿拉伯伊斯兰文化来说，信仰和功修二者相辅相成，缺一不可。

中国是一个有着五千年悠久历史的文明古国，中国传统文化是“中国几千年文明发展史中在特定的自然环境、经济形式、政治结构及意识形态的作用下形成、积累和流传下来，并且至今仍在影响着当代文化的‘活’的中国古代文化”。[②] 中国传统文化的核心是以孔孟为代表的儒家文化，它影响着世世代代中华民族的生活方式和行为仪表。除了儒家文化这个核心内容外，中国传统文化还包含道家文化、佛教文化等其他文化形态。中华民族历史源远流长，传统文化的博大精深与绵延不尽是中华民族的重要凝聚力。

① 赵金铭主编：《对外汉语教学概论》，北京：商务印书馆，2010年，第105～106页。
② 顾冠华：《中国传统文化论略》，《扬州大学学报》（人文社会科学版），1999年第6期。

由于宗教信仰、社会制度等因素的不同，中阿两国的文化也存在着巨大的差异。在阿拉伯进行汉语教学，不仅要了解两国语言文化之间的差异性与对比性，而且要意识到汉语教学不是单纯的语言教学，而是中阿之间相互了解、相互交流的一个重要窗口。现有文化教学未能针对来自伊斯兰教文化圈或文化背景的学生进行因材施教的文化教学，一些汉语教师简单地从中国人的角度进行无差别的讲解，遇到难以解释的问题则用“中国人习惯这样”的话语敷衍过去，不能在文化对比中有效利用文化正迁移，合理避免文化负迁移，更无从体现文化教学的背景及文化教学的针对性，因此很有必要把文化教学放在一个重要的位置对其进行分析、归纳和理解，从而提高学生跨文化交际能力。

一、针对阿拉伯学习者的文化教学

从语言与文化的密切关系看，学习一种语言，同时也就是在学习一种文化，作为符号或载体的语言不可能没有其所表达和负载的文化内容，人也不可能只学习内容的物质载体而抛开内容，无论语言和文化是整体与部分的关系还是局部交叉渗透的关系，二者都是密不可分的。[①]针对阿拉伯学习者的文化内容或文化因素，概括地说包括三个方面：一是语言教材课文的文化内容；二是包含在词语和语言结构内部的文化因素；三是语言运用的文化背景知识，也即语用文化。

文化接受、文化对比和文化反馈是针对阿拉伯学生文化教学过程中的三个阶段。首先是文化接受阶段。汉语教师在阿拉伯穆斯林语境下，大致通过介绍、注释、归纳、示范、练习等方式来进行文化内容教学，但是具体的教学形式要根据不同课型、不同阶段有选择性地使用。比如初、中级阶段的口语课，可以采用介绍、说明、示范、练习的方式讲解文化点，而以传授语言和知识文化为主的汉语综合课则应采取简单注解的方式。在中、高级阶段则要多采用注释、归纳、提供使用范例等方法来加深阿拉伯学生对文化内容的理解，也可借助声像等多媒体教学手段来传达文化信息，比如用讲故事、听音乐、谈感想等形式带领阿拉伯学

① 程棠：《对外汉语教学目的、原则、方法》，北京：北京语言大学出版社，2008年。

生体会课文的文化内涵和意境。这种分阶段的文化教学方式也就是“领进去”和“走出来”的多元化文化教学方法。其次是文化对比阶段。对比阶段是文化教学中阿拉伯学生所经历的第二个阶段，在这个阶段，阿拉伯学生会下意识地将学到的中国文化和本国伊斯兰文化进行对比。这种对比是很有益处的，一方面有助于理解刚刚学习到的中国文化，另一方面通过对比，对于本土伊斯兰文化也是一个反思，文化对比是一个非常重要的阶段，也有利于文化教学的深入进行。最后是文化反馈阶段。文化反馈阶段是阿拉伯学生所经历的第三个阶段，经过文化接受和文化对比两个阶段之后，阿拉伯学生会试着输出所学到的东西，通过这种方式学以致用，同时增强文化学习的成就感。

在文化教学中，一方面是阿拉伯学生接受中国文化，另一方面阿拉伯学生将中国文化和伊斯兰文化进行对比，对所学到的中国文化进行反馈。人们认知一个陌生的新事物总会找到脑海中相近的事物和它进行对比，通过与脑海中已有的熟悉事物的对比来认知新事物，因此这种文化对比和反馈不是刻意为之的，而是在下意识中进行的。文化教学同样不能脱离教材，教师要针对教材每课中的话题展开，进行文化教学。文化教学应该立足于阿拉伯学生的汉语教材，以教材为基准向外发散，不管阿拉伯学生的汉语程度如何，都不可能进行漫无目的的文化输出。此外，对不同程度的阿拉伯汉语学习者应该有与之相适应的文化教学内容和形式。初级班的阿拉伯学习者应以学习语言为主，控制文化输出，文化教学应以注解形式为主。文化输出一般是针对中高级的阿拉伯学习者，可以采取分角色、分情境表演和分话题讨论的形式，这种教学形式要求学习者具备一定的语言理解和表达能力，尤其是分话题讨论的形式，必须建立在语言障碍较小的基础上，因而比较适合中、高级阶段的汉语文化教学。

二、针对阿拉伯学习者的宗教文化教学

在针对阿拉伯学习者的文化教学中，不可避免会遇到文化差异及跨文化交际的问题，文化差异有多种不同的表现形式，包括政治、历史、

价值观、宗教信仰等一系列文化差异。

由于中阿宗教文化背景不同，造成的文化差异主要表现在以下几个方面：第一，阿拉伯人信奉的伊斯兰教是一种宗教，宗教具有“超越性”，即神至高无上；而儒家则不具备这一点，虽然儒家一直发挥着一种“准宗教”的功能，但不能被视为宗教。第二，伊斯兰教是“一神论”的宗教，它认为自然界的一切存在物都必须顺从真主的安排，按真主指定的自然法则发展变化。因此，在伊斯兰世界里衡量伦理道德和是非善恶的唯一标准是《古兰经》，而且这种标准是不容丝毫置疑或忽视的。第三，儒家和伊斯兰教对生命的看法等伦理观念不同。中国伦理文化认为身体是父母生命的延续，关爱身体是孝的表现；而阿拉伯伊斯兰文化则认为人的生命来自真主，它是宇宙间最宝贵的，任何人都没有权利轻视、放弃、毁灭生命，伊斯兰教非常反对轻生和自杀行为，同时伊斯兰教认为不善待自己的人不可能善待他人，主张维护人的生命权利，享受现实生活。第四，儒家文化把政治问题归结为伦理问题，儒家思想讲求仁爱之心，主张仁、义、礼、智是政治生活的首要条件，要求为政者从道德出发，推行“仁爱”之政，把人伦关系是否调和直接等同于社会政治秩序的稳定与否，从而构筑了一个把伦理生活作为政治理想的政治模式。然而，伊斯兰教文化视公正为人世间重要的美德，主张统治者对真主负责，对人民负责，依法行政，廉洁奉公，秉公执法，由于吸纳了波斯、罗马等异族政治文化精华，伊斯兰教文化更表现出它的开放性与灵活性。

从中国和阿拉伯之间宗教文化的差异，不难看出，两种文化之间最显著的区别就是阿拉伯是宗教国家，而中国的宗教信仰相对自由。那么针对阿拉伯及周边地区伊斯兰文化语境，应当如何开展文化教学呢？

首先要尊重阿拉伯的宗教信仰，根据其基本国情和宗教信仰制定文化教学大纲。宗教信仰，对于教徒来说就是世界观，践踏其宗教信仰是一种不可被原谅的行为，一旦发生这样的冲突，师生之间的相互尊重就荡然无存了，更进一步的相互信任根本无从谈起，更不必说师生一起完成教学任务了。因此，汉语教师在阿拉伯文化圈进行汉语教学的过程中，应该把尊重其宗教信仰作为一条红线，同样也是一条底线，不可逾越。由于伊斯兰教的规定，阿拉伯人在饮食上有着自己的习惯。例如，在进行包饺子的教学实践活动时，整个过程中都应该使用清真食材，包括餐具和包饺子用具也都需要单独准备，而不能嫌麻烦忽视这样的问题。在中国文化教学过程中要尽量体现出对阿拉伯宗教文化的尊重，尽量避免文化冲突。

在尊重阿拉伯本土宗教文化的前提下，还应该深入研究阿拉伯及周边地区的基本国情和文化，制定相应的文化教学大纲，适时适当地融入中国文化因素，给教师的文化教学实践提供指导和规范。没有两种文化在接触的过程中不曾产生碰撞和冲突，要做的是尽量地规避这种风险，减少冲突。伊斯兰国家禁止饮酒，就要适当地减少有关中国酒文化的介绍内容。伊斯兰文化禁食猪肉，就尽量不要在教学内容中使用或者涉及相关的动物，严格来讲，连《西游记》这样的名著也不应过多讲解。但是对于一些中国和阿拉伯都具有的普适性的伦理道德观念，比如孝敬父母、团结兄弟、人人平等、诚信待人等方面的文化内容可以适当地增加比重。

三、针对阿拉伯学习者的饮食文化教学

中国幅员辽阔，从南至北，各地饮食具有鲜明的地域特色，形成了中华饮食文化的独特风格。中国的饮食文化源远流长，早在3000多年前，帝胄贵族就把煮食的鼎作为国之重器，视为国家权力的象征。被尊为圣人的孔子提出“食不厌精，脍不厌细”的饮食标准。对于中国人而言，“民以食为天”，没有什么比饮食更重要的了。

由于地域不同，各地饮食特色也不同。南方因为水域丰富，食材主要以鱼为主，口味偏清淡；北方因河流较少，食材主要以家禽等肉类为主，口味较重。中国人一向热情好客，大家围在一起吃一顿饭似乎更能增进彼此的感情，在席间，好客的主人则会一再地给客人夹菜，热情之状溢于言表。中国的饮食在世界上都是享有盛誉的，中国饮食文化直接影响到日本、蒙古、朝鲜、韩国、泰国、新加坡等国家，是东方饮食文

化圈的轴心；与此同时，它还间接影响到欧洲、美洲、非洲和大洋洲，像中国的素食文化、茶文化、酱醋、面食、药膳、陶瓷餐具等，都惠及全世界数十亿人。

阿拉伯各国作为伊斯兰国家，其饮食习惯主要遵循伊斯兰教的规定。穆斯林不食猪肉，不饮酒，主食主要是米饭和面食，副食有牛羊肉、鸡、鸡蛋、鱼、蔬菜等。阿拉伯人喜欢吃香辣的食品，用胡椒、姜黄等做的咖喱食品闻名世界。穆斯林没有炒菜的习惯，无论是牛羊肉、鱼或是豆类、蔬菜，均炖得烂熟。阿拉伯人吃饭不用刀叉、筷子，而是在净手后用右手抓着吃（左手被认为是不洁的）。在饮食工具上，中国也与阿拉伯有着巨大的差别。中国人从小用筷子吃饭，用勺子喝汤，筷子虽然身材小巧，功能却巨大，中国人从小就开始教育孩子使用筷子，在中国只有小孩子和老人才用勺子吃饭，而用手吃饭被视为不礼貌和没有教养。严禁饮酒是阿拉伯穆斯林的一个信条，无论民间喜庆还是官方国宴，一律不准喝酒，私自酿酒者要受到严厉惩罚。在外交场合，阿拉伯外交官并不对别人喝酒提出异议，不过在干杯时，要以果汁、汽水或清水代之。而中国是不禁酒的，几乎所有的大小聚会，或者大小节日，都少不了酒来助兴，酒成了饭局上的必备饮品。

中阿饮食文化上的差异，体现了中阿在宗教信仰、思维方式及价值观方面的差异，那么针对中阿饮食文化上的差异，该如何有效地进行文化教学呢？

首先，将饮食文化教学内容进行分类。对外汉语教学中，无论是面对哪一种文化背景的汉语学习者，都应该将饮食文化的教学内容进行分类。针对不同等级或水平的阿拉伯汉语学习者，饮食文化教学可以分为饮食文化要素教学以及饮食文化专题教学两个层面来进行。针对初级水平的阿拉伯汉语学习者来说，在汉语课堂中，主要进行的是饮食文化要素的学习，通过教师的梳理以及引导，使学习者对饮食文化形成知识体系以及脉络，并搭建出自己的饮食文化知识体系。例如课文涉及中国最基本的烹调方式“炒”以及某个菜名如“宫保鸡丁”时，教师可以适时在课堂中补充其他常见的烹调方式以及中餐常见的菜名，采用拼音加图片的方式，让学生能够自己识别并认读菜单。讲到用餐礼仪时，教师可以提出几个问题，比如你有没有参加过中国朋友的聚餐？聚餐的地点在哪里？就餐时有没有让你觉得与自己国家就餐不一样的地方？通过学生回答问题，教师逐步引导进行对比，并在最后归纳出中阿就餐文化的差异。教师的饮食文化要素教学不但能够有效地控制课堂，而且能够帮助学生很自然地融入饮食文化的对比与思考中。

其次，采用对比教学法来讲授饮食文化知识。对中高级阿拉伯汉语学习者来说，他们已经具备一定的汉语表达能力，汉语接受能力也比较强，在这个时候，教师可为这个水平的学生开设专门的饮食文化专题课，开设诸如“京味儿小吃”“八大菜系”及中国式餐桌礼仪等饮食文化专题课。在具体教学中，教师可先向阿拉伯学生介绍中华饮食文化的特点，然后让阿拉伯学生说出自己国家饮食文化相应的特点，最后教师和学生一起进行总结和归纳。在中高级的文化教学过程中，教师还可采用小组讨论或演示的方式来组织课堂教学。

此外，也可以尝试用多媒体教学手段以及饮食体验课的方式来进行饮食文化教学。对阿拉伯饮食文化可采用图片、视频、动画等多媒体教学手段，使课堂变得更加生动活泼，教学内容更加直观，尤其在课堂导入环节，如果仅凭口头描述，说得再多，都远不及一张图片或一段视频形象生动，也更能吸引阿拉伯学生的注意力，激发阿拉伯学生的兴趣。此外，还可以通过播放视频短片来进行饮食文化专题课的教学，让阿拉伯学生更好地了解中华饮食文化深层次的内涵。比如《舌尖上的中国》就是非常好的饮食文化教学的素材，它不仅记录了中国人的饮食习惯，还对饮食习惯背后的文化内容进行了详细阐释。《舌尖上的中国》画面精美，声情并茂，更能激发阿拉伯学生对中国饮食文化的体悟，达到良好的教学效果。除了多媒体之外，还可以采用饮食体验的方式，如听饮食文化讲座、去中餐厅就餐、动手做中国菜等方式，让阿拉伯学生身临其中，体验中华饮食文化的博大精深。

学习一种语言意味着学习一种民族的文化。针对阿拉伯学习者的汉语教学不仅要讲授语音、语法、词汇等语言知识，而且还要讲授目的语文化知识，分析其文化背景，了解中阿文化间的差异。因此，文化教学不但有利于培养阿拉伯学生对不同文化的洞察力，避免母语文化的负迁移，化干扰为积极因素，而且能增强其跨文化交际能力。

第四节　阿拉伯汉语教学中存在的问题及建议

阿拉伯及周边地区汉语教学历史悠久，近十年来发展迅猛，取得了很大成绩，但与阿拉伯其他主要外语教学相比也还有不小的差距。英语、法语、德语等语言一直是阿拉伯及周边地区主要的外语语种，这些语种不仅是当地许多大学的热门课程，也是许多中小学的必修外语课程。英、美、法、德等国家早在数十年前就制订了完备的语言和文化推广计划，在阿拉伯直接兴办大学，开设自己的文化中心，这些语言在阿拉伯的传播历史悠久，在当地民众中有着深厚的心理和文化基础。与这些外语相比，汉语教学则起步较晚，经验不足，仍属弱势。

对阿拉伯学习者来说，他们的学习时间有限，但对中国语言和文化充满向往，对目的语的学习热情高。汉语教学要解决的问题是，如何在有限的学习时间内使阿拉伯学习者获得基本的汉语语言知识和汉文化知识，具备基本的汉语交际能力，这也是在阿拉伯开展汉语教学研究要首先解决的问题。根据阿拉伯目前汉语教学中存在的问题，可以采取以下的教学策略。

一、完善教学大纲

教学大纲设置不合理是制约阿拉伯汉语教学发展的首要原因。教学大纲是指导教学的纲领性文件，应该根据阿拉伯汉语教学的发展定期进行修订，但是阿拉伯及周边地区现在使用的仍然是几十年前沿用下来的老大纲，早已不适合目前该地区汉语教学的需要。要解决这个问题，应尽快制定新大纲，对课程进行科学设置。大纲应针对阿拉伯学生学习汉语的特点和难点，重视基础训练，加强语音和汉字教学，重视语言基础能力培养，尤其要注意语言、文学、文化与翻译课程设置的先后次序和课时量的配比，注意不同课程之间的衔接相互照应，避免对教学的相关要素之间进行人为分割；同时还要根据阿拉伯的实际情况，科学地制订每个学期的教学量，确定切合实际的教学内容，明确规定每个单元的作业练习以及考查、考试等内容，增加语言实践课，加强听说技能的训练，重视学生汉语实际运用能力的培养；此外大纲的教学设置应该根据阿拉伯行业发展的需要，在高年级设置专业课，比如旅游汉语、科技汉语、建筑汉语、商贸汉语等，以提高学生的就业竞争力。

二、科学设置课程

课程设置不科学，与社会需求和学生实际脱节，人才培养效率较低，也是目前阿拉伯汉语教学中存在的问题之一。在阿拉伯各大学的中文系中，从一年级到四年级，4 个年级的课型基本是一致的，只是教材的难易度不同，课程门类比较多，但是不够系统和科学，对学习者和习得规律重视不够。

首先，课程设置要尽量满足社会的需要。以中文系学生人数最多的艾因·夏姆斯大学为例，其课程设置一直都是参照中国早期汉语言专业的课程设置方式进行设计，而照搬过去的课程设置早已不合时宜。埃及几所大学的汉语教师多是艾因·夏姆斯大学的毕业生，都不同程度地继承和沿袭了这一教学理念和模式，这就导致整个埃及的课程设置缺乏系统性和创新性。据希夏姆 2013 年所做的统计，艾因·夏姆斯大学 2008—2013 年每年毕业生都在 190 ～ 250 人之间，但能顺利找到对口工作并能胜任的只是其中很小的一部分。[①] 究其原因，还是其课程设置仅仅局限于汉语基础类课程、汉阿翻译或阿汉翻译以及少量中国历史和文化的课程，而社会需求较大的旅游汉语、商贸汉语等课程则极少涉及。

其次，针对不同年级和阶段的课程设置要更趋于精细和科学。阿拉

① [埃及]希夏姆:《埃及本土汉语教师培养培训的现状与前景——以埃及艾因·夏姆斯大学语言学院中文系为例》,《国际汉语教育》, 2013 年第 1 期。

伯传统的汉语学历教育在课程设置上重语法翻译、轻听说技能，重文学文化、轻语言技能，甚至机械地区别语言和文学，人为地割裂课程间的联系。因为重视语言要素教学，各大学中文系开设了语音、语法、词汇等语言知识课程，注重知识传授，造成学生听说能力和读写能力严重失衡。阿拉伯各大学中文系的课程设置和教学计划的制订多参照英语等埃及传统外语教学的做法，未考虑到中文教学都是到了大学以后才开设这一实际情况，在大二、大三便开设中国诗歌、戏剧、小说、文学批评等艰深课程，学生难以应付。中文系很多课程的名称也不科学，比如“课文”“文章与阅读”“语言与语音”“课文与评论”“文选与品文”等课程名称或交叉重叠或含混不清，不能涵盖课程的内容和特点。为此，需要制定新的教学大纲，在课程设置上做相应的调整，比如一、二年级的课程设置应该以语言技能的传授为主，不应该过早地开始翻译课、语法课、文化课的教学，而使精读课和听力课的课时减少；三、四年级的课程可以适当开设文学、文化、历史等相关的知识课，但也不能过量，使学生死记硬背知识，却没有提高语言技能。

综上所述，面向阿拉伯学习者的汉语教学应该以基本语言知识的获得和基本交际技能的培养为汉语课堂的核心任务，所有教学活动都应以此为中心展开。语音教学要为阿拉伯学习者获得知识与能力提供规范正确的汉语语音；词汇教学要通过合理的教学策略与方法，将每一个词汇发展成为阿拉伯学习者的主动词汇；语法教学更要以阿拉伯学习者基本知识和能力获得为导向，精讲多练，学以致用；语篇教学要在汉语学习之初就引导阿拉伯学习者练习成段、成篇表达的技巧和能力，语篇表达能力能使阿拉伯学习者更真切地体会到自己学习的成就感；汉字读写教学在基本知识与能力培养中发挥着重要的辅助作用，它能提高阿拉伯学习者对汉语的亲近感，能使阿拉伯学习者的语言交际能力具备多维的立体化特征，从而为其汉语能力的进一步发展提供动力支持。

阿拉伯地域辽阔，文化多元，语言众多，阿拉伯汉语推广要根据所在国家学习者的不同学习需求，提供形式多样、品种繁多的教学内容，营造有利于汉语教学和中国文化传播的浓厚氛围，并创新其教学模式。对汉语教学理念与实践的全过程进行反思性研究，不但能使阿拉伯汉语教学的结构、步骤及内容更趋于合理，同时，此类研究的经验和结果对阿拉伯及周边地区的汉语教学具有借鉴价值，而且也是阿拉伯及周边地区汉语教学发展的必由之路。

第五章　阿拉伯及周边地区汉语教材建设

近年来，面向阿拉伯学习者的汉语教材的编写与开发取得了长足的进步，汉语教材种类多，内容全面并多有创新，为阿拉伯汉语教育的发展不断注入新的活力。教材“是学校教育的核心词、关键词，是教学活动的基本依据。教材在传承人类知识、经验、文化，以及促进人类增长知识和发展技能，乃至促进社会进步的过程中，发挥着重要的甚至是不可替代的作用”。①随着阿拉伯各地学习汉语人数的不断增加，汉语教材依然难以满足阿拉伯学习者的需求。国家汉办主任许琳指出要“大力推进教材编写和发行体制创新”②，但面对诸如阿拉伯语等小语种，以及人数相对较少的阿拉伯学习者群体，及时编写出针对其特殊需要的汉语教材并不是一件简单的事。

教材编写是语言教学活动的四大环节之一，是帮助学习者学习汉语语言知识和文化知识、获得汉语交际能力的基本载体和工具，是组织课堂教学和学生进行日常学习活动的基础和依据，是学生学习的“权威性”材料。教材是为教学服务的，因此教材的目标应服务并服从于教学目标和具体的技能培训目标，任何一本好的教材都必须与最终的培养目标相适应，必须充分考虑使用者的种种特点，包括国别、年龄、学习期限、学习目的、教学环境等。现在阿拉伯及周边地区使用的汉语教材虽然种类不少，但大部分都是用英语来做翻译和注释的，即使有阿拉伯语翻译和注释的教材，也仅仅是将原英语版翻译成阿拉伯语，并没有突出以阿拉伯语为母语的学生学习汉语的重点与难点。在这种情况下，如果具有阿拉伯教学经验的研究者能结合自己的教学体验和专业知识，加入教材编写的队伍，无疑是对阿拉伯汉语教育的极大贡献。

① 李泉：《对外汉语教材通论》，北京：商务印书馆，2012年，第13页。
② 许琳：《汉语加快走向世界是件大好事》，《语言文字应用》，2006年第1期。

第一节　阿拉伯及周边地区汉语教材的使用现状

语言教材是实现语言教学目标的重要途径之一，也是课堂教学得以开展的基本依据，“在第二语言教学中，如果没有好的教材，教学就成了无米之炊，教材决定教学内容，体现教学的基本原则和方法，进而指导和规范教师的教学活动”。[①] 教材是“用特定的教学理论把目的语的语音、词汇、语法、语篇等要素通过文本形式，科学、合理、有序地编排起来的可操作的文本”。[②] 虽然汉语教材随着阿拉伯汉语教育的发展也在快速成长和变化着，但由于中阿文化差异和话语体系等原因，阿拉伯汉语教材的发展仍然不能与快速发展的汉语教育同步，阿拉伯学习者有时难以找到适用的教材。阿拉伯汉语教材或者编写理念陈旧，内容不能贴近阿拉伯人的生活习惯和思维，或者因对阿拉伯教材概况和发展缺乏了解，导致教材开发选题过于集中，造成一定程度的资源浪费，或者某些类别的教材开发没有得到重视，阿拉伯学习者多样化需求未得到满足。因此编写合适的教材，对于阿拉伯汉语教育有着重要的基础性作用。

目前，阿拉伯汉语教材来源主要有三个：一是采用中国国内教材，二是改编中国国内教材，三是教师自编教材。以下就国内出版的面向阿拉伯学习者的汉语教材以及阿拉伯本土化的汉语教材两类情况进行介绍。

一、国内出版的阿拉伯汉语教材的使用现状

（一）国内出版的阿拉伯汉语教材的使用情况

近年来国内出版的面向阿拉伯学习者的汉语教材，虽然在数量和种类上有所增加，但是和英语注释教材的数量相比，还是相差很大（见表5-1）。根据中山大学“全球汉语教材库”的统计，截至2011年11月底，

① 李巍：《“结构—功能—文化”教学法在对外汉语教学应用中的反思——兼谈对外汉语教材文化因素的定位》，《长春工业大学学报》（高教研究版），2008年第4期。

② Brown H.D., *Teaching by Principles: An Interactive Approach to Language Pedagogy*, Beijing, Foreign Language Teaching and Research Press, 2001, p.139.

该库教材信息为10000多（册）种，“其中中国出版教材占58%，国外出版教材占42%，涵盖约30个国家或地区，550多个出版社，46种媒介语”。[①]国内出版的阿拉伯汉语教材以培养阿拉伯学生听、说、读、写4项基本技能为目标，并结合阿拉伯学生的基本交际需要进行选材，根据汉语教学大纲的要求进行编排，从易到难，在编排目标、内容设置上都存在一定的合理性。

表5-1 国内出版的阿拉伯汉语教材统计表

名称	作者	出版社	出版时间
《外国人学中国语》（阿文版）	编写组	北京外国语大学出版社	1999年
《体验汉语》（阿文版）	朱晓星	高等教育出版社	2006年
《汉语会话301句》（阿文版）	康玉华	北京语言大学出版社	2006年
《汉语100》（阿文版）	李芳杰	北京大学出版社	2006年
《长城汉语》（阿文版）	课题组	北京语言大学出版社	2006年
《新实用汉语课本》（阿文版）	刘珣	北京语言大学出版社	2009年
《汉语教程》（阿文版）	杨寄洲	北京语言大学出版社	2009年
《当代中文》（阿文版）	吴中伟	华语教学出版社	2009年
《汉字五千年》（阿文版）	编委会	外语教学与研究出版社	2009年
《快乐汉语》（阿文版）	李晓琪	人民教育出版社	2009年
《汉语图解小词典》（阿文版）	吴月梅	商务印书馆	2010年

通过表5-1可以看出，目前已出版的阿文版汉语教材10余种，大部分是2006—2009年之间出版的，可见对阿拉伯汉语教材的开发和研制才刚刚开始，发展势头良好，潜力巨大。国内出版的阿拉伯汉语教材大部分都是对外汉语界的经典教材，无论从体例还是内容上都是经得起推敲的，属于对外汉语的通用教材，其中《汉语教程》和《新实用汉语课本》是阿拉伯大专院校汉语教学普遍使用的两部经典教材。《汉语教程》总共有76课，分为3个阶段，每阶段2本，共6本，编写目的是

① 范常喜、杨峥琳等：《国际汉语教材发展概况考察——基于“全球汉语教材库”的统计分析》，《国际汉语》（第2辑），广州：中山大学出版社，2012年。

为零基础的学生设计的，每课包含课文、生词、注释、语音、语法和练习，整套教材共1666个汉字，3024个词语。该系列教材语音教学较完整，语法教学清晰，教师用书、课文和练习题合为一体，课堂教学易操控，层级性合理。

目前同样在阿拉伯及周边地区使用广泛的另一部教材是《新实用汉语课本》，这套教材由国家汉办主持，由北京语言大学的资深教师撰写，总共有6册70课，目前在阿拉伯及周边地区受欢迎的是第1～4册，一共50课。该套教材对于重点内容有特别的标记，使学生在复习或自学过程中，思路更为清晰，能抓住重点，加以掌握。每册书都附有练习册、教师用书和光盘，便于学生自学或复习；课后练习设计得很特别，如一些同音词或复音词的练习、汉字游戏等。

如果说《汉语教程》和《新实用汉语课本》属于传统的经典教材的话，那么由国家汉办主推的《长城汉语》则以“多媒体课件学习与面授教学和文本练习册相结合”的编写方式而呈现出现代教材的特质。《长城汉语》主体教学内容分为“生存交际”“交际扩展”“自由交际”3个阶段，各阶段既相互衔接又各自独立，具有局域网、互联网、单机3种产品形态，教学内容共6个级别60个单元180课，可供教学机构和个人根据情况选用。课文故事性强，生动有趣；语言口语化，地道实用；语法介绍简明，配有大量循序渐进式练习。该书以循序渐进和交际任务实现了教材内容的系统性，以故事性编著和动漫人物设计实现了教材的趣味性，以多媒体网络技术和多种产品形态实现了教材资源的立体化。

除了上述三类教材之外，阿拉伯及周边地区使用的汉语教材还包括《体验汉语》《当代中文》《汉语乐园》《快乐汉语》等，这些教材阿文版的出版在一定程度上促进了阿拉伯汉语教育的发展，对整个阿拉伯汉语教育也是有积极作用的。

（二）国内出版的阿拉伯汉语教材存在的问题

衡量语言教材有两个重要尺度和参数：一是看是否包含了特定的行之有效的语言教学理论和体现该理论的编写大纲；二是看它有没有包含

明确、规范、系统的目的语语言知识（包括语音、词汇、语法、语篇等规则）。以上这些国内出版的阿拉伯语注释的统编教材虽然逐步趋向学习目标实用化、交际化，学习内容简单化、趣味化，学习方式多样化、多元化，但都不是以阿拉伯汉语学习者为第一对象设计的，都存在话题针对性不强、地域特点不突出等问题。埃及开罗中国文化中心使用过一些国内出版的汉语教材，如《新实用汉语课本》（阿文版）、《外国人学中国语》（阿文版）、《当代中文》（阿文版）等，但都不太适合文化中心的教学，教材上直接的“拿来主义”导致了阿拉伯学习者“水土不服”。目前国内出版的阿拉伯汉语教材所出现的问题比较集中于以下几点：

首先是缺乏针对性，针对阿拉伯学习者的特点不突出。现在出版的大多数阿拉伯汉语教材还不足以称为“针对阿拉伯的汉语教材”，因其大多数只是在对外汉语教材英译本的基础之上，转译为阿拉伯语，既没有突出阿拉伯语为母语的学生学习汉语的重点与难点，也没有强调汉语与阿拉伯语之间如语言背景、文化背景、社会习俗、思维方式、价值标准等方面的对比，对阿拉伯语和汉语之间的联系与区别的重视程度不够，编写重点也不突出，教材的针对性较弱。

阿拉伯汉语教材的本土化不足，增加了阿拉伯学生的学习难度。由于通用型教材设计时针对的是欧美学生，欧美地区与阿拉伯及周边地区的区域文化、民族心理、语系归属等都相去甚远。《汉语教程》《新实用汉语课本》及《长城汉语》等教材的使用对象以西方学习者为主，对于阿拉伯学习者而言，纵使已有翻译本，但其部分内容仍不适宜，尤其是在文化差异方面，不能满足阿拉伯学习者的需求。此外，现行的阿拉伯汉语教材除了在内容的设计上以面向欧美学生为主外，在课文的注释上用英语注释，也不利于阿拉伯学习者的学习，特别是对于英语水平不高的阿拉伯学生，教材中的英语注释反而增加了学习的难度，给阿拉伯学习者带来一定的学习障碍。

其次是教材的实用性差。实用性一直是汉语教材编写的一个重要原则，“这一原则要求教材设计和编写过程中要充分考虑到教材的实际应用价值、课文内容的取向、词汇语法的选择、练习的内容和方式、情景设计和功能项目的安排等，都要有利于教材总体目标的实现，有利于满足学习者当前学习和生活的实际需要，有利于满足学习者未来对目的语使用的目的和方式的需要”。[①]也就是说，教材的编写者要让阿拉伯学习者感觉到“学了有用”，但是从目前阿拉伯汉语教材实际情况来看，实用性方面还有待提高。国内出版的阿拉伯汉语教材，主要的使用对象是在中国国内学习汉语的阿拉伯留学生，而阿拉伯籍来华留学生大多集中在新疆、宁夏等地的高校中，这些高校也就是这类统编教材的主要使用范围。但是国内的来华留学生大部分都不是按照国籍分班的，而是按照语言水平分班的，留学生汉语班都是由来自不同国家、说不同语言的留学生混合编班的，所以所用教材多以英译本为主，因此针对阿拉伯学习者的汉语教材在国内的实际使用数量非常小。

由于针对阿拉伯学习者的汉语教材属于小语种的汉语教材，相对于英语、法语、日语等语种的教材来说，难以找到合适的编写人员，教材的编写出版工作也不是很受重视，由此造成了针对阿拉伯学习者的汉语教材的匮乏。此外，导致阿拉伯汉语教材匮乏的另一个原因则与阿拉伯汉语课程的设置有关。阿拉伯及周边地区的汉语课程几乎都是使用同一本教材，把同一本综合课本用在精读课、听力课、口语课、写作课、阅读课、语法课、汉字课等不同课型中，这样的课程安排自然用不到系列教材。但是从总体和长远考虑，学习汉语必须要有一定的系统性和规律性，这是由汉语教学的特点所决定的，因此阿拉伯汉语教材的编写在内容上一定要按照不同课型特点分别编排，在结构上遵循语言大纲进行编排，形成知识点有规律的重复出现、语法结构互补的系列教材。目前也有少数按系列编写的阿拉伯汉语教材，有的是按照不同课型，分为精读课、口语课、听力课、写作课等分技能训练的系列教材；还有的按照学习者水平，分为初级、中级、高级等由低到高排列的系列教材。目前这些编写系列教材的尝试都是值得鼓励和借鉴的，但是落实到具体编写上就不太尽如人意，如教材的整体结构不够完整，在中级精读教材中还没有学到的语法却在初级教材中出现了，初级教材内容过于简单幼稚，而

① 李泉：《对外汉语教材通论》，北京：商务印书馆，2012 年，第 183 页。

高级教材课文过于冗长无趣，一个话题需要 2 ～ 3 周才能处理完。

此外，国内出版的汉语教材没有教学对象的层次差别。国内出版的这些面向阿拉伯学习者的汉语教材，从知识结构和语法编排来看，都具有很强的科学性，但是都没有从具体教学对象的角度来考虑教材内容，即缺乏依据教学对象而对内容进行区分的针对性。根据现在阿拉伯及周边地区汉语教育的实际情况，阿拉伯汉语学习人群主要集中在中小学和大学的学历教育阶段，此外还有一些非学历教育的阿拉伯成人汉语培训班，因此学习目的有很大的不同。

以语音部分为例，对于初级汉语学习者来说，尤其是阿拉伯学习者，汉语的声调是一大难点，在声调方面常会产生一些偏误，还有一些阿拉伯学习者因为母语的干扰对声调不太重视，没有认识到语音是学好口语、听力等各门课的必要条件，因此对语音的学习不够重视，这就造成了语音的基础没有打好，从而在以后的学习中常常会在语音、语调方面发生偏误，造成读汉语时发音不准确，听起来洋腔洋调。再如汉字部分，对非汉字文化圈的阿拉伯学生来说，汉字的认读和记忆一直是汉语学习中的一大难点。汉字是表意文字，非表音文字，因此学会了拼音却不能直接读出汉字；而阿拉伯语是拼音文字，看到单词就可以直接读出来。目前阿拉伯及周边地区使用的某些教材没有从阿拉伯学生的心理出发，对汉字的教学不够循序渐进，缺少对偏旁部首的解释说明，阿拉伯学生看汉字如看天书，教材编写的不合理给阿拉伯学生学习汉语带来了一定的困扰。

教材是阿拉伯学生学习内容的一个载体，通过教材的学习让阿拉伯学生在懂得汉语知识的同时能够学以致用，教材编写应注意“结构—功能—文化”相结合的原则，应以提高阿拉伯学习者使用汉语的能力为目的，以功能为基础，以交际文化为核心，适时适量地渗透，系统有效地循序渐进。教材编写者要根据阿拉伯教学对象的不同来编写不同层次和目的的教材，教师也应该根据教学对象的年龄、性格、兴趣爱好、学习目的、学习能力等各方面因素，使用不同的教材进行教学，才能做到事半功倍。

二、阿拉伯本土汉语教材的使用现状

（一）阿拉伯本土汉语教材的使用情况

在阿拉伯及周边地区本土化汉语教材的编写和使用中，土耳其本土教材的研发和编写比较具有特点。由安卡拉大学中文系主任欧凯教授（Bulent Okay）、安卡拉大学博士吉莱（Giray Fidan）、资深汉学家高丽娟、中国客座教授钱文华共同编写的《汉语阅读教程》在阿拉伯世界比较有影响。《汉语阅读教程》根据土耳其教学的需要，精选了冯骥才、汤吉夫、凌鼎年等22位中国现当代作家的30篇微型小说。全书分上、中、下3册，每册10课，供安卡拉大学二、三、四年级阅读课使用（每周4学时）。该教材是安卡拉大学汉语言专业本科教育系列教材之一，亦可作为具有同等汉语水平的土耳其或者阿拉伯学习者使用的自学教材。

法提赫大学中文系的《文学与文化》是一门必修课，可一直没有适用的教材，由中国客座教授杨晓霭和伊斯坦布尔大学土耳其语博士黎淑珍合作编写了《简明中国文学史读本》。全书分为概说、简介、作品选读、作者介绍、作品注释、作品翻译、思考练习7个部分，由杨晓霭负责汉语撰写，黎淑珍用土耳其语讲解并翻译。该书是法提赫大学中文系的文学教材，也是在阿拉伯世界比较受欢迎的本土化教材。

埃及艾因·夏姆斯大学、开罗大学也编写了一些具有本土化、地域化特色的汉语教材。如《汉语基础语法》是埃及艾因·夏姆斯大学一年级的综合课教材，《汉语读本》是该大学二年级的综合课教材，《听力与会话课》是该大学一年级的读写课教材，以上这些教材都是艾因·夏姆斯大学本土教师根据所教课程编写的本土化教材。

（二）阿拉伯本土汉语教材存在的问题

首先是教材编写没有系统性，内容陈旧。阿拉伯本土汉语教材由于编写年代比较久远，都存在语料老旧、内容缺乏创新性和趣味性等问题。艾因·夏姆斯大学的本土汉语教师基本不使用中国推广的汉语教材，而以教师自编教材为主。汉语教师每学期都要自编教材，教材内容来自中国原版教材或网络，只是给生词和课文加上阿拉伯语翻译和注释，内容稍做删减。苏伊士运河大学孔子学院在教材的使用方面没有统一的规定，有的教师使用艾因·夏姆斯斯大学编写的教材授课，有的使用自编教材授课。这些自编教材很多都是短期编写的应急教材，课程之间缺少衔接，同样的内容在不同的课程中反复出现，一个老师刚讲过的词汇、语法，另一个老师可能又去重复讲，有的教材连注释、练习都没有。有的教师为显示自己的水平，故意选择很难的材料，比如文言文，令学生望而生畏。本土化教材缺乏科学性、系统性，致使学生的词汇量偏低，生词、语法的习得毫无顺序可言。

在本土化教材编写过程中，要提高对趣味性的重视，还要提高语料的数量及质量。教材的语言材料应该选择更贴近阿拉伯当地人现实生活的内容，选材要全面和实用，要具有真实感。同时要尽量考虑中阿文化差别、价值观差异、话语体系差异等方面的因素，避免汉语教材在使用过程中遇到尴尬和困难。此外，在本土化教材编写中还要注意保持教材的更新换代，“更”的是教材的内容和语料，要注意与现实生活和交际需要的结合；“换”的是主题和背景，要将具体内容融合在阿拉伯社会的大背景下，选取一些有现实意义的主题，这样才能保证教材的趣味性及适用性。

其次是练习数量少，不具有课堂操练性。反复操练是学习语言的必经之路，体现在教材中就要加大练习的数量及种类。完形填空、选词填空、近义词选择、连线、单词替换、听写、课堂讨论等练习项目对阿拉伯学习者来说也都是行之有效的练习方式，尤其是课堂讨论，对激发阿拉伯学习者的学习兴趣、拓展阿拉伯学习者的文化思路、锻炼阿拉伯学习者的口语表达能力、培养阿拉伯学习者的汉语思维模式有着不可替代的作用。以《简明中国文学史读本》为例，练习内容少，是学生普遍反映的一个问题。练习过少，就会导致基础不扎实，新的知识记得不牢，旧的知识复习不到位，长此以往，会造成“底子薄，基础差”的局面。因此，阿拉伯本土汉语教材要根据课文及语法内容，适当加大练习篇幅，增加练习形式，使练习数量达到学生做完能够完全掌握的程度。同时，要在教学过程中注重设计“体验式”的练习活动，这对增进学生的学习兴趣、提高学生语言能力将起到一定的推动作用。

此外，本土化教材中文化内容与课文内容脱节。想要学好一门语言必须了解这个国家的文化，反之要想了解一个国家的文化也一定要先学会它的语言，因此在语言教学过程中，文化是必不可少的一个方面。在一些针对阿拉伯学习者的汉语综合教材中，每一课都有一部分作为文化板块，在这一板块中会用阿拉伯语简单介绍一些中国的传统文化，如十二生肖、传统节日等。这些教材中的文化内容虽然注释比较详细，但与课文内容联系不紧密，会造成阿拉伯学生的困扰，同时不利于阿拉伯学生对中国文化兴趣的培养。因此，在添加文化内容的同时，要注意与课文内容的联系，将文化教学作为课文内容的延伸或者课后拓展阅读。

从以上分析可以看出，无论是国内出版的通用汉语教材还是阿拉伯本土汉语教材都存在着针对性不强的问题。大部分阿文版的通用教材都是为西方学习者设计的，故在文化上无法使阿拉伯学习者产生认同感，甚至有些在意识形态和宗教文化方面还与阿拉伯文化相冲突，影响阿拉伯学习者的语言学习，甚至阻碍中阿文化交流。而一些本土教师编写的汉语教材内容比较陈旧，或者为了语法项目而编造内容，趣味性不足，实用性不够，这样容易使阿拉伯学生对学习汉语失去兴趣。有些教材涉及大量中国国内的人与事，没有与阿拉伯学习者所在国家的情况相联系，使学习者在学习过程中产生陌生感，不适合阿拉伯学习者使用。

第二节　阿拉伯及周边地区汉语教材的编写理念

随着对外汉语教学研究的深入，对教材编写的探讨越来越成熟，近几年来出现了一些优秀的对外汉语教材，但是目前在阿拉伯及周边地区使用的这些汉语教材仍存在诸多问题，课文内容安排和实际操作无法适应阿拉伯汉语教育的要求，主要表现在课文难度突增，教材信息缺乏衔接性，教材内容缺乏实用性，汉字教学内容缺乏系统性等。好的教材不仅能使学习者高效实现学习目标，而且能使学习者对目的语的热情与兴趣保持在较高水平。所以，编写适合阿拉伯学习者需要的汉语教材，一方面能深化研究的水平和层次，另一方面则能解决教材少和教材内容不适合的问题，从而为培养学习者目的语交际能力提供合理保障。编写优秀的阿拉伯及周边地区汉语教材，并以教材编写为中心整合教学资源，已成为现阶段阿拉伯汉语教育亟待解决的一个问题。

一、教材编写的基本原则

为了解决阿拉伯汉语教材存在的问题，在选择和编写教材时，需要立足于汉语教材的定位，探讨汉语教材定位依据、编写原则和编写理念。因为教材是以学科知识作为其内容要素的，它必然会具有类别特征。“教材分类的着眼点可以多种多样，因此具体分类也可以多种多样。分类的目的主要是为了更好地分析和认识不同类别教材的性质、特点、用途和编写规律，加强和完善教材体系建设；进一步说也是为了更好地把握不同类别的教材与各自相联系的教学目的、教学内容、教学原则、教学方式和方法之间的内在关系。”①

阿拉伯汉语教材的分类是根据第二语言教学的学科特点，结合教材内容或体例的内在指向性来进行的，不同的研究者会有不同的分类视角。吕必松指出，汉语第二语言教材可以“从教学类型的角度分类（如普通教育教材、预备教育教材等），从课程类型的角度分类（如综合课语言教材、听力和阅读专项技能课教材等），从教学对象的角度分类（如按学习者年龄的不同可分为儿童教材、成人教材，按学习的起点和水平可分为初、中、高级教材等），另外，还可以从教学法角度来分类（如以结构为纲的教材、以功能为纲的教材，或结构—功能—文化型教材等）”。② 刘珣从教学内容编排的角度对教材做了如下分类：按教材体例分为综合型与分科型、单课制与单元制、直线式与螺旋式；按教学原

① 赵金铭主编：《对外汉语教学概论》，北京：商务印书馆，2004年，第165页。
② 吕必松：《对外汉语教学概论》，《世界汉语教学》，1993年第3期。

则分为课文型、结构型、功能型、结构功能型、功能结构型、话题型和文化型等。[①]

赵金铭则特别强调汉语教材编写的宏观设计，要求教材覆盖对外汉语教学的方方面面，所以他的分类角度达17项之多。这些分类角度包括“用于特殊目的的汉语教材，速成强化汉语教材，短期进修汉语教材，儿童汉语教材，个别教学汉语教材，汉语随意教材，带地域性的乡土教材，汉语方言教材，广播电视汉语教材，远程汉语教材，外国人学历教育汉语教材，为华人、华裔及外国人在非汉语环境中使用的汉语教材，有关对外汉语教学课程设置所需要的各类文化教材等”。[②]李泉根据第二语言课程设置中，以技能（一般技能课和特殊技能课）与知识（语言知识课和文化知识课）划分课程类型的特征，把第二语言教材分为语言技能类教材、语言知识类教材、文化知识类教材和特殊用途语言教材4类。李泉进一步指出，这4类教材中的每一类，“（1）都可以包含初中高的不同等级系列；（2）都可以运用不同的教学法原则来编写；（3）都可以采用不同的编写体例来编写；（4）都可以编写出适合不同教学对象和不同教学手段的教材”。[③]这样的类别划分能更好地反映第二语言教材的特征，具有更合理的概括性。

由此可见，国内汉语教学界就汉语教材编写的原则进行了系统性的研究，并达成了共识，科学性、趣味性、针对性和实用性成为汉语教材编写的四大原则，而其他诸如真实性、多样性、现代性、系统性等原则也都是合理且必要的，也都是教材编写应该遵循的基本原则，同时这些原则也适用于阿拉伯汉语教材的研发和编写。[④]

二、阿拉伯汉语教材的编写理念与实践

阿拉伯汉语教材的使用对象是中国境外以阿拉伯语为母语的汉语学习者，而不是中国境内的阿拉伯留学生，在教学安排及课程设置方面并

① 刘珣:《对外汉语教育学引论》，北京：北京语言文化大学出版社,2000年，第318～322页。
② 赵金铭:《论汉语作为外语教学中的文化取向》，见陈恩泉主编:《双语双方言》(五)，香港：汉学出版社，1997年。
③ 赵金铭主编:《对外汉语教学概论》，北京：商务印书馆，2004年，第169页。
④ 李泉:《论对外汉语教材的针对性》,《世界汉语教学》，2004年第2期。

没有可作为依据的教学大纲。因此，本书以国家汉办编写的《高等学校外国留学生汉语言专业教学大纲》作为参考，结合阿拉伯汉语教学的实际情况，提出了以下几方面建议。

（一）提高教材编写的本土性

首先，教材编写应注意阿拉伯学习者的特点，教材编写要具有本土性。阿拉伯汉语教材的本土性原则，“要求教材编写应以目的语及其文化与学习者的母语及其文化的对比为前提和基础，以增强教材语言内容的针对性和文化内容的可接受性。同时在教材的编写与设计中，还要充分考虑到不同学习者的文化背景、宗教信仰、教育传统、认知特点和心理需求等。此外，第二语言教材作为一种国际性的教材也还要考虑到教材内容的国际性，即人类共有的思想感情、行为规范、伦理道德以及人类社会共同面临的社会问题和自然问题”。① 本土性可简单表述为针对阿拉伯汉语学习者所编写的汉语教材中要适当地安排一些与学习者生活环境及社会文化有关联的内容或话题，特别是一些有关两种文化互动交往的内容，以突出阿拉伯汉语教材中目的语文化与阿拉伯不同国家或地区不同文化的关联与对比。本土性强调的是目的语文化与学习者的母语文化可能存在的所有关联，这种关联最能吸引学习者的热情和兴趣。

阿拉伯汉语教材传播的是中国语言与文化，体现的是中国人的思维方式和价值观，所以，教材内容要选择中国社会的生活画面、中国的风俗礼仪及史地典故等富有中国文化普遍价值的语言材料。提倡对外汉语教材的本土性绝不是说要用他国文化冲淡教材中中国文化内容的分量，相反，它是借助教材中的语言在传播中国文化的同时，将一部分内容的焦点放在学习者所在国或所在地的文化特色上，以最大限度地激发阿拉伯学习者学习目的语的热情。要为阿拉伯及周边地区众多国家、民族的学习者编出有本土特色的教材的确是难度极高的一项工作，而这一难题的解决办法就是鼓励阿拉伯各地的汉语教师因地制宜，把自己所了解和熟悉的当地文化特色编入不同的汉语教材之中。此外，在阿拉伯地区从

① 赵金铭主编：《对外汉语教学概论》，北京：商务印书馆，2004 年，第 186 页。

事汉语教学的公派教师和志愿者，要利用对当地社会、文化的了解，把一些当地的地名人名、风俗人情、历史典故等编入教材中，阿拉伯学习者非常认可学习材料中出现自己所了解和熟悉的内容，这种教材编写的理念看似简单，产生的效果却是明显的。

其次，教材设计的对象应转向阿拉伯学习者，教材的编写要切合教学对象。阿拉伯及周边地区使用的通用性教材，主要以欧美学生为设计对象，这给阿拉伯学生的汉语学习带来一定的困难。“我们现有的教材，几乎都是通用式教材。这种情况难以满足不同国家、不同母语、不同学习环境的学习者的不同要求。”① 因为教学对象国别不同，“他们之间在学习目的、学习方式、学习时限、语言背景、文化背景、社会习俗、思维方式、价值标准等方面，存在着程度不同的差异性；他们各自的母语及其文化背景、教育传统和教学方法等，跟目的语及其文化背景、教育传统和教学方法之间，同样存在各种各样的差异性。”② 用面向欧美国家的教材来教授阿拉伯学生，导致阿拉伯学生难以找到刺激点，难以有共鸣，不利于调动阿拉伯学习者的积极性；即使学了教材的知识，也难有切身体会，所学与实践脱节，难以调动其学习兴趣。当然，一般教材也会选择一些有代表性的中国话题，这些内容对阿拉伯学习者了解目的语国家的语言与文化非常有帮助。但是，如果教材内容完全从中国人的视角关注世界上的其他民族，而没有从阿拉伯汉语学习者的视角来关注他或她所熟悉或喜好的话题，阿拉伯学习者便会对目的语言产生一种隔膜和距离感。特别是那些与中国距离遥远又很少有文化交流的阿拉伯汉语学习者，当他们面对的教材内容是与他们生活不相关或很陌生的事件或话题时，部分学习者对目的语及其文化的兴趣就会随着学习内容的增多增难而开始衰减。解决这一问题的办法就是在教材内容中要适当地安排一些与阿拉伯学习者生活环境及其所处的社会文化有关联的事件或话题，特别是一些有关中阿两种文化互动交往的内容。

① 杨庆华:《新一代对外汉语教材的初步构想——在全国对外汉语教学基础汉语推荐教材问题讨论会上的发言》,《语言教学与研究》, 1995 年第 4 期。

② 同上。

基于教材本土性的认识，面向阿拉伯学习者的汉语教材注释应改用阿拉伯语来注释。目前阿拉伯学习者使用的汉语教材大多是用英语来注释的，阿拉伯学生学习时需要在三种语言间进行切换翻译，特别是英语水平不高的学生，学汉语还得学英语，这在无形中增加了学习的难度。此外，英语与汉语这两种语言存在着诸多差异，即使懂得了英语，也不一定能完全与汉语相对应，这也不利于汉语的学习和掌握。

此外，在教材内容选编上也要立足于本土性。在教材中需要将汉语中的一些语言要素及汉文化现象，分别与阿拉伯语言要素及相应的文化现象、英语及欧美国家相应的文化现象进行对比，通过对比发现阿拉伯各国和欧美国家在这些语言要素及文化现象方面与中国的相似相异之处，同时总结阿拉伯学生学习汉语与欧美国家学生学习汉语存在的差异，包括语言结构及文化方面的差异，而这些差异就是编写面向阿拉伯汉语教材的针对性内容。中国的传统节日如春节、端午节、中秋节、清明节、中元节等在阿拉伯也有类似的节日，而在欧美国家只有与清明节类似的万圣节，即“鬼节”。因此，在某些语言结构及文化现象方面，阿拉伯及周边地区与欧美国家存在较大差异，而与汉语、汉文化具有较大的相关、相似性。

阿拉伯汉语教材可通过语言、文化的对比来寻找本土化的关注点。“对比才能发现异同，才能找出重点和难点，才能有的放矢。”在编写和选用汉语教材时，应注意阿拉伯与中国在传统节日、社会风俗及语言结构方面的相同之处，并以这些相同之处为基础，延伸相关的内容，更多地对比阿拉伯与中国在语言、文化上的相同之处和不同之处，同时对比欧美国家在语言和文化方面与中国的相同相异之处，让阿拉伯学生在学习时产生熟悉感和认同感，进而激发其学习的兴趣，这样既能了解阿拉伯与中国在语言文化方面的差异，更能明确阿拉伯汉语教材与欧美汉语教材编写时的不同之处。

（二）合理安排各语言要素在教材中的比重

从教材结构和内容来说，编写阿拉伯汉语教材应该考虑语音教学、汉字教学和课型安排三方面的因素。

第一，从语音方面来看。首先要加长语音部分的学习时间。按照以往的教材内容和教学方法，语音部分的知识一般是在五六课内结束，此后开始正式学习词汇、课文和语法。一般来说，阿拉伯学生经过五六次汉语课的学习，确实能够了解汉语语音方面的知识，但是对于身处非目的语环境中的阿拉伯学习者而言，仅仅了解是远远不够的，要能达到发音标准流利的水平，必须进行连续的语音训练，尤其是声调方面的训练。这就需要在教师和学生的共同努力下，反复进行操练，因此在初级汉语教材中，关于语音复习和练习的项目要有较高的复现率，做到有目的不间断地复现和练习，对巩固阿拉伯学生汉语语音基础、提高阿拉伯学生口语水平有着不可估量的作用。其次，课文部分均要标注拼音及声调，注重语音语调的学习与练习。鉴于阿拉伯学习者的特殊性，一年级上、下学期的教材都应该标注声调，以培养阿拉伯学生正确的语音习惯。和其他语言相比，汉语最大的难点之一就是声调，对于阿拉伯汉语学习者来说，汉语的声调更是一大难点，因为在阿拉伯语中没有声调，若想掌握正确的声调，就需要进行大量的练习及朗读训练，并且在训练过程中对错误进行纠正和调整。此外，不同国家、不同地区的学生在学习汉语时常表现出区别于其他地区的个性特征，阿拉伯学习者在汉语语音上也有共性的偏误，如 d 常发成 t，x 常发成 sh 等，在汉字、语法等方面共同存在的母语负迁移等问题也不少见，这些个性特征和常见偏误类型在阿拉伯教材中都要有所体现。对阿拉伯学生的母语以及学习汉语的难点有一定的了解，才能利用阿拉伯语的正迁移作用，减少负迁移的干扰，从而编写出适合阿拉伯地区学生需要的汉语教材。

第二，从汉字方面来看。注重对汉字能力的培养一直是阿拉伯汉语教育的难点，对汉字的识记直接影响学习者听、说、读、写各方面能力的提升，汉字教学也是阿拉伯汉语教育的重中之重。汉字属于非拼音文字，本身不表音，从写法上看不出来读音，阿拉伯学习者看到汉字无法直接拼读出正确的发音，这对阿拉伯初学者来说是一个非常艰难且难适应的过程。体现在教材上，就是要扩大汉字教学方面的篇幅，增加汉字练习的数量，并将其贯穿整部教材，以达到反复操练至熟练掌握的程度。在汉语学习的初级阶段，即一年半到两年时间之内，都要坚持汉字方面的讲解与练习。只有坚持练习，反复操练、复习、巩固，才能为中级阶段的学习以及汉语能力的全面培养打下基础。汉字作为汉语言的支撑符号，每一个汉字都浓缩有一定的汉文化，学习汉字、书写汉字、积累汉字是阿拉伯学习者提高自己汉语综合能力的必然选择。没有汉字支撑的汉语交际能力是脆弱的，也是难以实现真正的交际目标的。

第三，从各语言要素的分配比例来看。汉语教材中语言结构、语言功能及文化教学要素的合理分布也能有效地增强阿拉伯学习者的学习热情与学习效果。根据阿拉伯学生的实际情况，应该侧重于编写针对中文专业的本科生和针对汉语作为公共外语的非中文专业学生这两类教材。前者要编写知识结构系统全面的系列化教材，分阶段分课型编写，包括口语教材、精读教材、听力教材及阅读教材等类别，分别独立成册，课程难易程度、语法项目等配套编写；后者最好采用一本主教材加两本辅导书的模式，课文内容选取要简而精，要关注热点问题以及自然科学和社会科学的各个门类，为阿拉伯学生择业及未来与中国人交流打下语言和跨文化能力的坚实基础。

（三）针对教学对象的年龄层次编写教材

根据教学对象的年龄层次，阿拉伯汉语教材主要应分为两大类：一类是专门针对成人的教材，包括阿拉伯大学生和非学历教育的汉语培训学员；另一类是针对阿拉伯中小学生的教材。

从适合阿拉伯成人使用的汉语教材来看，零起点、非汉语专业、阿拉伯语为母语的成人使用的汉语教材，应该是以实用性为主、趣味性为辅的具有针对性的教材。这就要求在编写教材的时候，要充分考虑阿拉伯教学对象的学习目的和心理，找到不同的侧重点。阿拉伯人普遍心理成熟较早，心理成熟度较高，因此成人教材的编写要注意与中小学汉语教材的区别，教材内容要实用，不能过于幼稚，语言要有时代特色，符合现代社会背景，贴近生活。

从适合中小学生使用的汉语教材来看，零起点、阿拉伯语为母语的中小学生的汉语教材，要将趣味性原则放在编写原则的首位。因为中小学生与成年人不同，成年人对学习有自觉性、主动性，同时学习也具有功利性和目的性，他们更重视教材内容的实用性；而阿拉伯中小学生对汉语的学习仅是凭着兴趣爱好或者听从学校、老师、家长的安排，缺乏主动性，需要有意思有新意的内容吸引他们的注意力，以保证学习质量。练习部分的趣味性尤为重要，练习是巩固新知识、复习旧知识的重要途径，只有通过大量的练习才能真正掌握一门语言，所以练习的趣味性在教材编写中就是重要且必要的了。

（四）文化知识的涉入应紧密联系课文内容

语言与文化密不可分，语言系统本身就是一种文化，语言要素也反映着民族的历史与文化。针对阿拉伯学习者的汉语教学承担着传播中国历史与文化的重任，“就对外汉语教材的编写实践来看，既要克服刻意‘弘扬中华文化’的心理，又要避免一味追求文化差异的做法。揭示和介绍文化，根本目的是为了提高学习者的目的语交际能力。因此，文化的介绍以让学习者了解为目的，而不以让学习者认同为目的”。[①] 因为语言本身就是文化的重要组成部分，阿拉伯学习者使用汉语教材，就已经在与中国文化发生关系。阿拉伯学生对汉语学习感兴趣的原因并不在教材本身，文化、语言本身以及课堂活动，汉语的发音和汉字的独特性以及中国文化与西方文化的差异性，才是吸引阿拉伯学生的重要因素。文化内容的编写与教材的趣味性息息相关，因此汉语教材要注重文化内容的编写。

在教材中将语言与文化相结合，一般来说有两种方式：一是将文化内容编排为课后阅读内容或者注释，即作为课文的延伸内容而不是主要内容，练习形式可以为完形填空、连线、选择等；二是将文化内容编排为课文，即作为课程的主要内容，这就需要注意语料的难度、语法点等，可以配上一些原始语料，如广告图片、报纸等，通过语言要素和课文内容来反映中国的社会历史和文化习俗。“一定意义上说，教授一种

① 赵金铭：《对外汉语教材创新略论》，《世界汉语教学》，1997 年第 2 期。

语言就是在教授这种语言所依托的文化，学习一种语言就是在解读这种语言所依托的文化。”①教材在介绍目的语知识的同时，会在点滴之间把与语言相关的文化知识也传授给阿拉伯学习者。当然，这种传授绝不是故意的渲染或要求学习者认同，而只是作为语言交际知识供其了解学习。如《汉语教程》中对中国人“姓”的使用方法的介绍，对中国人请客、吃饭、旅行、购物、问路等言语交际行为的模拟性描述，都在告诉阿拉伯学习者，这些都是中国文化，都有不同于伊斯兰文化习俗的文化和语用规范。阿拉伯汉语教材应该围绕不同区域文化、习俗、学习者特点等有针对性地进行编写。如教材中涉及饮食内容，应遵循阿拉伯饮食文化习俗，尽量不涉及猪肉、酒等阿拉伯人生活禁忌的内容，但这些内容可通过文化对比、语言对比等方式展示出来，这样既不触犯禁忌，又使教学内容较为全面。

综上所述，现行阿拉伯汉语教材存在着诸多不足之处，这就使得阿拉伯汉语教材的编写与开发成为一项迫切的任务。国家汉办应该统筹规划，对需求情况做全面的调查分析，制订汉语教材编写的长、短期规划，组织中阿优秀汉语教师按教学层次、教学对象分类编写教材，并且给予政策和资金上的支持。在对阿拉伯现行汉语教材进行分析的基础上，可以将教材设计的对象转为阿拉伯学习者，用阿拉伯学习者的母语来注释课文中的相关内容，以及在教材内容的安排上考虑到阿拉伯语言与文化的特殊性，以此来提高教材编写的针对性。此外，还可以根据对阿拉伯学习者学习需求的了解，选择贴近实际的教材内容来提高教材的实用性。总之，研发与编写针对阿拉伯学习者的新型汉语教材，不仅关系到汉语教材的建设，也关系到阿拉伯汉语教育，以及汉语国际教育学科理论的建设问题。

① 赵金铭主编：《对外汉语教材的基本理论研究》，北京：商务印书馆，2004年，第186页。

第六章　结语：机遇与挑战

伴随中国综合国力的增强与国际地位的提升，在当今世界“经济全球化、政治多极化、文化多元化”以及中国与阿拉伯各国交往日益广泛、联系日益密切、影响力与日俱增的背景下，汉语的使用价值与文化价值凸显，成为阿拉伯世界了解中国、进入中国的重要工具。中国与同处发展之中的阿拉伯及周边地区各个国家间合作交流愈加密切，吸引越来越多的阿拉伯学习者开始学习充满魅力的汉语。

汉语国际教育是在对外汉语教学、汉语国际推广的基础上发展而来的，也是随着我国经济、政治地位的提高而产生的一个新兴学科。对比世界各地汉语教育，阿拉伯汉语教育是属于“复兴—发展”型的，即经过 20 世纪 50 年代至 80 年代末的衰退后，到 21 世纪才逐渐走上振兴之路。就目前阿拉伯汉语教育的现状来看，阿拉伯汉语教育中教师、教材、教学方法“三教”问题正在逐步本土化；在阿拉伯一些国家，汉语教育正逐步进入所在国的教育系统，成为国民教育的一个组成部分；作为第二语言教学的汉语教学，将会在阿拉伯及周边地区中小学普遍开设。与此同时，汉语教学也将更加标准化、规范化、信息化，整个阿拉伯及周边地区的汉语教育，呈现出生机勃勃的态势。不过，在这良好的发展势头之下，也仍然存在着一些亟待解决的问题。因此，对阿拉伯汉语教育进行分析，从阿拉伯汉语教育的机遇、所面临的挑战以及未来的发展战略三个方面，对阿拉伯汉语教育的可持续发展提出一些思考，是十分必要的。

第一节　阿拉伯汉语教育发展的机遇

语言是人类交流的工具，国家间的政治、经济、文化往来离不开语言，一种语言的国际化程度是一个国家综合国力的具体体现。在全球经济一体化、政治多极化和文化多元化的今天，和平与发展成为时代的主流，“依靠武力与殖民地化的刚性传播时代已经成为历史，硬实力支撑下的现代柔性传播正在成为主流”。[①]

语言传播，特别是一种语言的对外传播、发展及其在国际社会的地位代表了该国在国际上的国家形象，语言传播背后隐含的是意识形态的核心价值观，这也正是国家软实力的核心所在。“无疑，汉语的传播是扩大中国软实力的一个有效的途径，在全球大国竞争中发挥着重要作用。”[②]理论上，语言是一律平等的，但现实中语言是有强有弱的，语言的强弱与语言所属社团的强弱盛衰呈正相关，可以说当前的全球语言等级结构正是当今国际政治经济不平等秩序在语言上的深刻体现。“今天，在传播汉语时，我们没有西方国家在传播语言中所包含的为橙色革命培养力量的野心，我们所展现的是一个爱好和平的伟大中国，所坚持的是平和、平等的语言传播观。”[③]很多时候，一种语言之所以能够实现广泛的传播也是语言输出国乃至民众有意追求的共同成果。

首先，阿拉伯及周边地区汉语教育的快速发展得益于良好的双边关系。中国改革开放30多年来持续稳定的经济发展，综合国力和国际地位的提高，使中国成为对阿拉伯及周边地区具有较大影响力的国家，阿拉伯各国都把保持和发展与中国的友好关系作为战略目标。

中国和阿拉伯及周边地区同属发展中国家，都拥有悠久的历史和古老的文化，中阿关系源远流长，自古以来在诸多领域的合作为推动世界文化进程发挥了重大作用。早在两千多年前，中阿共同构建的陆上丝绸之路与海上丝绸之路，成为沟通世界的主要桥梁。起始于西汉时期的陆上丝绸之路从中国的长安出发，经阿拉伯到达泰西封（今日伊拉克境内的麦达因），再延伸至叙利亚和埃及。另一条海上丝绸之路从中国的泉州出发经马六甲海峡至霍尔木兹海峡，再从幼发拉底河北上到达叙利

① 吴应辉：《国家硬实力是语言国际传播的决定性因素——联合国五种工作语言的国际化历程对汉语国际传播的启示》，《汉语国际传播研究》（第1辑），北京：商务印书馆，2011年。

② 张西平：《走向世界的汉语所面临的若干战略问题思考》，《汉语国际传播研究》（第1辑），北京：商务印书馆，2011年。

③ 王建勤：《美国国家语言战略与我国语言文化安全对策》，《国际汉语教学动态与研究》（第2辑），北京：外语教学与研究出版社，2007年。

亚和埃及。[①]中国的“四大发明”通过丝绸之路传到阿拉伯世界，阿拉伯人再将之传到欧洲；阿拉伯的药品、香料、先进的数学和天文学知识也通过丝绸之路传入中国。中阿间的贸易交流通过丝绸之路得到了很大的发展，贸易交流又进一步推动了双方的经济发展和繁荣。伊斯兰教的先知穆罕默德在创立伊斯兰教时曾说过：“知识，虽远在中国，亦当求之。”肯定了当时的阿拉伯与中国的交往和中国的文化价值。因此，中国文化走向阿拉伯世界有着坚实的历史基础。

进入近现代，中阿关系走过了不平凡的历程，相似的历史、共同的利益和一致的发展目标，使中阿之间一直保持着友好合作关系，尤其是在中国实行改革开放政策后，中阿各领域的友好合作关系走上了全面发展的道路。进入21世纪，尤其是2004年中阿启动“中阿合作论坛”、2010年启动“中阿经贸论坛”及2013年开启“中阿博览会”等战略举措，使中阿全面战略合作伙伴关系不断深化，中阿交流内涵更加丰富，中阿合作领域日益广泛。“以相互尊重为基础，增进政治关系；以共同发展为目标，密切经贸往来；以相互借鉴为内容，扩大文化交流；以维护世界和平、促进共同发展为宗旨，加强在国际事务中的合作。”[②]在中阿交往的历史长河中，双方始终不忘彼此深厚的传统友谊，始终铭记共同的历史遭遇和发展任务，共同强调文化与价值观中的共通共融之处。这些都是中阿友好交往的历史积淀下来的共同财富，是中国文化走向阿拉伯世界坚实的历史基础。

任何一种语言的推广、应用乃至被接受，其意义都远远超越了语言本身，实际上已经成为“大国兴衰”的基本符号。随着中国经济和社会的持续健康发展，阿拉伯的汉语教育面临前所未有的历史机遇。汉语国际推广的宗旨是以“中国文化与世界的关系”为纽带，摒弃西方中心式的单向传播和单向影响，从汉语国际推广跨越到跨文化对话，通过文化的平等交流来化解西方的霸权话语，通过文化的互动平衡全球的文化生态。中国同阿拉伯及周边地区不断加强的双边政治、经济关系，为中国

① 杨福昌：《中阿关系的回顾与展望》，《阿拉伯世界研究》，2006年第2期。
② 常华：《“中阿合作论坛”的成长之路》，《阿拉伯世界研究》，2010年第6期。

在阿拉伯及周边地区进行和平、平等的语言传播和文化传播奠定了重要基础，必将促进汉语教育在这一地区的发展走向深入。

其次，阿拉伯及周边地区汉语教育的快速发展还得益于中阿之间的区域经济和经贸关系的互补合作。中国实行改革开放已 30 多年，稳定和发展是国家的优先目标，建立良好的外部环境是国内发展的必需条件，其中又以周边国家为重。自中国改革开放政策实施以来，到 21 世纪初，中阿双边的经贸关系不断发展，中阿之间拥有良好的合作平台。早在 2001 年双方就成立了中国阿拉伯友好协会，2004 年中国与“海合会”的自由贸易谈判正式启动，这也标志着中国与阿拉伯及周边地区的合作关系进入了机制化的发展阶段。① 随后，在 2010 年 5 月第四届中阿合作论坛部长会议上，通过了在中阿合作论坛框架内，建立“全面合作、共同发展的中阿战略合作关系”的决定。特别是近几年来，双方互惠互利的经贸关系发展迅速。从 2004 年至 2008 年，中国同阿拉伯及周边地区的贸易额从 367 亿美元攀升至 1328 亿美元，5 年间增长了 3.6 倍。② 国际咨询公司麦肯锡甚至预测，到 2020 年中阿贸易额将达到 3500 亿～ 5000 亿美元。习近平在 2013 年 9 月提出建设“新丝绸之路经济带”和“21 世纪海上丝绸之路”的战略构想，简称为“一带一路”。“一带一路”不是一个实体和机制，而是合作发展的理念和倡议，是依靠中国与阿拉伯及周边地区既有的多边机制，借助既有的、行之有效的区域合作平台，旨在借用古代“丝绸之路”的历史符号，高举和平发展的旗帜，主动发展与沿线国家的经济合作伙伴关系，共同打造政治互信、经济融合、文化包容的利益共同体、命运共同体和责任共同体。“一带一路”进一步稳定和加强了中国与阿拉伯各国政治、经济、文化的合作，中阿经济在石化、能源、港务等领域上的高度互补为双方的经贸合作提供了广阔的空间。③

随着中国与阿拉伯各国经贸合作的逐步加深，汉语作为全球经济一

① 朱威烈：《试论中国与中东伊斯兰国家的战略性关系》，《世界经济与政治》，2010 年第 9 期。
② 温家宝：《尊重文明的多样性》，《人民日报》，2009 年 11 月 7 日。
③ 何玉江：《中国与阿拉伯国家文化经贸合作现状及其对策》，《宁夏社会科学》，2011 年第 1 期。

体化中影响越来越大的语言，在阿拉伯各国的吸引力不断增长。来中国学习汉语的阿拉伯留学生的数量与日俱增，掌握中文后能在日益激烈的竞争中更具竞争力，已经成为许多阿拉伯人的共识。在埃及等国家，越来越多的年轻人开始学习汉语，汉语人才十分“抢手”，包括政府工作人员、大学教授、大学生和商人在内的各界人士，纷纷在工作之余前往孔子学院研习汉语和中国文化。目前只有500多万人口的埃及拥有3000多名在校大学生学习汉语，各类民间资本创立的非学历教育的汉语教学机构遍布全国。各类教学机构和孔子学院为他们提供了感受中国文化的机会，也满足了他们学习汉语、走近中国的需求。由此可见，中国与阿拉伯及周边地区开放、合作的区域经济加强了汉语传播的力度。

此外，中阿源远流长的教育交流也为汉语教育的发展提供了广阔的平台。新中国与阿拉伯及周边地区间教育方面的合作与交流首先是从来华留学生教育开始的。中国与阿拉伯及周边地区从1956年起就开始互派留学生和教师，伊斯兰国家在华留学生逐年增多。伴随着阿拉伯来华留学生的发展，中国的阿拉伯语教学也得到重视。新中国成立后，国家先后批准在北京外国语大学、北京语言大学等高校设立阿拉伯语专业，中国高校的阿拉伯语教师队伍不断成长，已经培养了数千名掌握阿拉伯语、有一定专业知识和能力的人才，他们活跃在中国的经济、贸易、科研、文化、外交等领域，为发展中国与伊斯兰国家，特别是阿拉伯及周边地区之间的友好关系，为伊斯兰文化与中华文化交往做出了骄人的业绩。

在阿拉伯语和波斯语等伊斯兰世界的主要语种走向中国的同时，汉语也走进了伊斯兰世界，从20世纪80年代至今，阿拉伯及周边地区汉语研究获得长足发展，在伊斯兰世界推广汉语和传播中华文化方面发挥着越来越重要的作用。其中阿拉伯汉学家深入中国文学研究、古代典籍翻译等领域，如哈希姆、穆赫森等埃及汉学家承担了翻译《诗经》《孙子兵法》等中国典籍的国家级课题；伊斯塔尔、倪娜蒂等语言教授承担了“宗教对汉阿常用词汇的影响”“汉阿量词的特征及其运用”等课题的研究；文学教授嘉妮对中国和埃及的比较文学发展史进行了梳理分析，发表了《中埃比较文学的历史、现状和前景》《鲁迅小说中的现实主义》《论〈太阳照在桑干河上〉》《杨沫与〈青春之歌〉》等论文。[①] 在埃及艾因·夏姆斯大学获博士学位的阿布杜勒·阿勒将巴金的《雾》、张贤亮的《土牢情话》等作品译成阿拉伯文在埃及出版，郭沫若、茅盾、巴金、老舍、夏衍、沈从文等现当代作家的经典作品已经成为阿拉伯汉学家所关注的研究对象。

由此可见，中国和阿拉伯及周边地区之间的文化交流，由来已久，源远流长，具有深厚的历史根基，新中国成立后，双方的文化交流无论在规模上还是在层次上都达到了前所未有的高度。双方文化交流的领域非常广泛，包括教育、文学、艺术、卫生、体育、学术、科技、宗教、影视、文物等，取长补短，互相促进。“文化交往，特别是文化艺术交往是各民族各国家最容易接触和接受的和平交往方式。文化交往最能表现人类文化的交流性、互谅性、精神性和世界性。”[②] 语言是文化的载体，作为中华文化载体的汉语和作为伊斯兰文化载体的阿拉伯语在当代伊斯兰文化与中华文化交往中起到了重要作用。

第二节　阿拉伯汉语教育所面临的挑战

阿拉伯及周边地区作为汉语国际推广和孔子学院事业发展的重要阵地之一，具有较大的提升空间。虽然阿拉伯及周边地区的汉语教育取得了巨大的进步和发展，但是与亚洲和欧美国家汉语教育的发展相比，阿拉伯汉语教育受到的重视还不够，关于阿拉伯汉语教育的研究极为有限。这与中阿关系的迅速发展是不相适应的。在阿拉伯及周边地区汉语教育快速发展而研究又略显滞后的背景下，依据语言学及第二语言教学的相关理论，钻研问题，分析现状，献计献策，对阿拉伯及周边地区汉语教育进行更广泛深入的研究刻不容缓。

第一，中阿双方相互认知与了解存在偏差。在国际形势急剧变化的

① 邓时忠：《埃及爱因夏姆斯大学汉语教学现状及发展思路》，《阿拉伯世界》，2004 年第 2 期。
② 胡文仲：《跨文化交际学概论》，北京：外语教学与研究出版社，1999 年，第 116 页。

新时期，由于文化传统、意识形态、国际地位等方面的差异，中阿双方对彼此的认知和了解均存在一定的偏差，中阿双方的沟通和交流有待加强。“语言传播的根本动因在于其价值。它不仅取决于语言领有者的社会及历史地位，同时还要看它对语言接纳者有无价值，以及语言接纳者是否认识到其价值。”[①] 就阿方而言，这种认知与了解的偏差主要表现在两个方面，一方面是阿方对中国崛起的期望过高，迫切希望中国在阿拉伯及周边地区的一些敏感问题上发挥更大作用，并为阿拉伯及周边地区提供更多的政治与经济支持。更有甚者认为中国能在未来与美国分庭抗礼，希望中国能在国际政治舞台上扮演平衡和对抗美国霸权的角色。另一方面是部分阿拉伯人因为受到西方有关“中国威胁论”的影响，将中国视为潜在的“隐患”，并把中国在阿拉伯及周边地区的一些开发项目视为一种变相的掠夺。虽然这只是为数不多的阿拉伯人因为受西方影响和对中国认识不清而产生的误解，但这种误解的存在对不断发展的中阿文化交流是十分不利的。就中方而言，对阿拉伯世界认知上的偏差主要表现为，对阿拉伯世界的社会文化了解不够，甚至连一些阿拉伯及周边地区的国名地名都不熟悉，更谈不上对阿拉伯世界的战略地位和发展现状的了解了。还有一些中国人对阿拉伯世界的认识十分肤浅，他们认为所有阿拉伯及周边地区都是石油富国，阿拉伯及周边地区就应该支持中国的现代化建设，为中国提供更多的资金支持等。因为了解是理解的前提，而理解则是信任、支持的基础，从长远来看，这种彼此认知上的偏差和不了解，非常不利于中阿双方关系的可持续发展。

第二，西方媒体对中国形象的“妖魔化”。在阿拉伯人眼中，中国一直是讲信用、负责任和富有魅力的大国。阿拉伯人对中国在实施改革开放政策之后发生的巨大改变感到惊喜，并希望中国作为东西方关系和南北关系中的平衡力量，在国际事务中发挥更大的作用。[②] 但是最近几年，随着中国的快速发展，以及中国与阿拉伯及周边地区全方位多领域合作的展开，引起一些西方大国的忧虑和不安，造成一些西方大国心态

① 李宇明：《认识语言的经济学属性》，《语言文字应用》，2012 年第 3 期。
② 李荣建：《阿拉伯人心目中的中、美、俄、日与欧盟》，《学习月刊》，2004 年第 4 期。

的失衡，他们企图借助其强大的全球传媒来妖魔化中国，损害中国的国家形象和发展环境，宣传“中国威胁论”，例如诋毁中国在阿拉伯及周边地区的能源合作项目是“掠夺资源战”和“经济帝国主义”等。[①]这些言论造成一部分阿拉伯民众对中国的误解，甚至对与中国的合作项目产生了忧虑和抵触情绪。以第一个与中国建交的阿拉伯国家埃及为例，2007年，65%的埃及民众看好中国，而到了2010年，对中国有好感的埃及民众比例下降至52%。[②]究其原因，主要是由于埃及民众对中国的了解依赖西方媒体，容易受其影响产生负面看法，中国在阿拉伯及周边地区的国家形象和利益无形之中受到了损害，阻碍中国文化走向阿拉伯世界。

第三，文化“走出去”缺乏有效的平台与渠道。中国文化“走出去”在阿拉伯及周边地区已取得一个良好的开局和一系列重要成果，中国文化走向阿拉伯世界已经有了一定的平台，如中央电视台阿拉伯语频道、国际广播电台阿拉伯语广播、新华社阿拉伯语新闻报道、外文局出版的阿拉伯语版杂志《今日中国》、外文出版社等出版的各类阿拉伯语书籍以及中央媒体的网络平台等。但中国文化在阿拉伯及周边地区的影响力仍十分有限，文化“走出去”仍然收效甚微。叙利亚驻华大使穆罕默德·海依尔·瓦迪在“中阿文化高层圆桌会议”上曾坦言：“目前，在阿拉伯的书店和图书馆中，还很少能找到有关中国文化的书籍，在阿拉伯和中国的电视台，反映阿中文化的节目也还不多。”约旦文化大臣阿迪勒·图维斯也曾表示：“阿拉伯人民很少能在电视上看到中国影视节目，也很少看到介绍有关中国文化、经济、工业发展以及中国在当代世界贸易活动中独特地位的电视节目。”虽然近年来中国新闻媒体和汉语教育在阿拉伯及周边地区有了一定的发展，但尚未形成有效的公众影响力。以中央电视台阿拉伯语频道为例，因为阿拉伯及周边地区普遍采取“天空开放”的政策，阿拉伯民众可以收看世界100多家电视台的600多个电视频道，而开播只有4年多的中央电视台阿拉伯语频

① 肖洋：《声誉和权益：论北非地区中国国家形象优化策略》，《当代世界》，2013年第3期。
② 薄智跃：《中国的四种国际形象》，《党政论坛》，2010年第11期。

道想在这么多频道中脱颖而出，无疑面临着非常大的竞争，因此很难将自己的信息和观点广泛地传达给阿拉伯公众，进而加深他们对中国的了解。[①]

另一方面，中国在阿拉伯及周边地区传播文化的平台和渠道的数量仍然有限，以孔子学院为例，阿拉伯及周边地区只有9个国家建立了10所孔子学院和1所孔子课堂，只占全世界开设孔子学院总数的1.3%。“同时中国对阿拉伯及周边地区的图书版权输出和实物出口数量少，中国的影视作品在阿拉伯世界难觅其踪等，这一切都表明在阿拉伯及周边地区承载传播中国文化的平台和渠道依旧匮乏。中国文化在阿拉伯及周边地区的影响力与中国作为经济大国的形象极不相称。”[②]

第三节　阿拉伯汉语教育的发展战略

随着汉语在国际交往中地位的日益凸显，阿拉伯各国都出现了学习汉语的热潮，各国学习汉语的需求也急剧增长。“埃及中文系毕业生供不应求的局面将从现在持续至未来十年左右。因此，埃及年轻人对汉语趋之若鹜，是与乐观的就业前景有密切关系的。据有关部门估算，今后几年，埃及每年至少需要200至300名中文专业的毕业生。如果中埃关系发展迅速，汉语人才的需求量还会加大。”[③] 为此需要加强阿拉伯汉语教育的研究，系统全面地回顾对阿拉伯汉语推广的历程，客观分析所面临的问题及原因，在此基础上，以全球化的眼光、国际化的思维、超前的观念、创新的行为作为理念，将汉语国际传播列入国家战略之中，作为提高和加强中国软实力的一个重要方面，为推动汉语在阿拉伯及周边地区集成式、跨越式、创新式的传播做出不懈的努力，这也正是时代赋予汉语国际传播工作者的责任和使命。

---

① 刘欣路：《中国对阿拉伯国家的公共外交——使命与挑战》，《当代世界》，2013年第3期。
② 吴瑛、葛起超：《中国文化对外传播效果调查——以日本、黎巴嫩孔子学院为例》，《云南师范大学学报》（对外汉语教学与研究版），2001年第1期。
③ 邓时忠：《埃及汉语教学现状分析》，《国外汉语教学动态》，2004年第1期。

一、中国政府应继续给予支持

对阿拉伯及周边地区的汉语教育和推广，中国政府一直是大力支持的，阿拉伯汉语教育近几年能很快地恢复和发展，也是与中国政府的支持帮助分不开的。随着中国与阿拉伯各国友好关系的推进，随着阿拉伯汉语教育的日益发展，中国对阿拉伯汉语教育支持和帮助的力度必然会不断加大。

首先，在加强阿拉伯及周边地区孔子学院品牌建设的同时，弱化其官方色彩，使其成为一个融合教学中心、考试中心、本土教师培训中心、汉语研究中心和中国问题研究中心于一体的综合文化交流平台。从汉语教育和文化传播的角度来看，孔子学院是“迄今为止中国最好最妙的一个出口产品”，外派汉语志愿者也收获了“美丽的中国名片”“真实的中国读本”和“可爱的民间大使”等种种赞誉。[①] 尽管如此，孔子学院的发展和完善仍有很长的路要走，其中之一即是逐渐弱化其明显的官方机构色彩。《孔子学院章程》明确规定孔子学院为非营利性教育机构，但其仍然带有十分浓厚的官方色彩。显然，孔子学院过于官方的性质容易使孔子学院在国外普遍以民间团体运作的社会中遭受抵制和排斥，正因为如此，不少学者才建议我国的“语言传播组织可考虑以民间为主，官方成立有权威的高效率的协调机构”。[②]

其次，推进汉语标准制度建设，确保主导地位。在当前的知识经济时代，行业标准是一个企业乃至国家建立核心竞争力的重要途径，力争在行业标准建立中占据主导地位也成为各领域领先企业的一种基本竞争战略。标准是对某一类产品共同特征的定义，包括从最初步的产品特性到最精确的产品技术规格。近年来国际上一系列语言教学与评估标准，例如 1999 年美国《21 世纪外语学习标准》、2000 年加拿大《加拿大语言测试等级标准》、2003 年欧盟《欧洲语言学习、教学、评估共同参考框架》的相继出台，必然会对我国汉语教育的发展带来巨大的挑战，“语言国际标准一旦形成，不符合标准的汉语教材将难以再走出国门，这不

① 《孔子学院：向世界的一声问候》，参见《光明日报》，2012 年 1 月 5 日。
② 李宇明：《强国的语言与语言强国》，《光明日报》，2004 年 7 月 28 日。

仅提高了我国汉语国际教育服务和产品进入国际市场的门槛，也加大了我国的汉语教学与汉语教材被边缘化的危机，严重威胁了我国汉语国际传播的主导地位”。[①]

汉语教育语言标准的制定涵盖汉语教育的各主要领域，包括汉语语言能力标准、国际汉语教师标准、国际汉语教材标准、国际汉语教育标准和国际汉学研究标准等。英语和法语等语言标准的制定为汉语教育的语言标准确立了非常好的榜样，无论是英国文化委员会，美国的 TESOL 和语言测试服务中心，还是法国的法语联盟，都联合其他相关部门开发出一系列享誉海内外的语言能力标准化考试、语言文化教材、语言教师和教学机构认证标准等。更重要的是，英语和法语都通过把握语言研究和语言教学研究领域的话语权和领导地位，引导着世界各地语言相关研究的发展方向。也正因为美英国家成功地调控了英语语言标准和制度，英语研究实质上是美国和英国有意识推广英语的重要手段。然而，目前我国在语言能力、教师、教材、教法和汉学等关键性领域中的标准研究和建设均严重滞后，汉语教育研究和汉学研究也严重滞后于汉语国际传播的实践，至今仍未研发出一套得到海内外广泛认可的、权威的、科学的国际汉语学习、教学与能力评估标准。[②] 因此，应大力加强汉语标准制度的建设，提高我国在汉语标准建设这一关键领域的核心竞争力，从根本上提高我国国际汉语标准的权威性。

此外，还要构建汉语教育与中国文化海外传播互相促进的发展模式。汉语教育不仅是为了满足国际市场上的汉语需求，也是我国文化走出去的关键途径。同样重要的是，汉语如果脱离作为依托的具有实质性的文化内涵进行对外传播的话，一方面汉语的国际传播难以深入和持久，另一方面也失去了丰富多样的传播方式，无法借助各种文化领域展开全面的汉语对外传播。历史早就证明：文化是一种力量，是一种绝不逊于经济、政治、军事的力量；缺少强势文化的跟进，耀眼一时的物质

① 郑才华、王建勤：《汉语国际传播行业现状分析及对策研究》，《新闻传播》，2012 年第 12 期。
② 吴应辉：《加强研究，指导实践，让汉语又好又快地走向世界——汉语国际传播笔谈会前言》，《云南师范大学学报》（对外汉语教学与研究版），2007 年第 5 期。

文化走不了更远。以中华和谐文化为核心的汉语言文化的传播，是提升中华文化全球地位和影响力的软实力，孔子学院在传播中国汉语文化时正是在加强中华文化软实力。一个没有语言文化和健康文化信息传播的国家，不可能正常地发挥全球作用，也不可能实现社会公平、公正和进步。

二、汉语教学将日趋本土化

阿拉伯各国从经济文化到具体的教育体制等都存在着种种差异，只有从当地实际出发，才有可能从根本上提高汉语教学的效率。阿拉伯汉语教育将会积极探索，逐步采取一系列汉语教学的改革措施，使汉语教学从教学内容、课程设置到教学方法等更适合阿拉伯所在国的实际，建立有阿拉伯当地特色的汉语教学新模式，促进汉语教学的本土化，将是阿拉伯汉语教育发展的又一趋势。

首先是教材的本土化。阿拉伯汉语教育的本土化应该是积极推动的一个方向，因为只有本土化才可能最终使汉语的国际传播获得巨大的发展。阿拉伯及周边地区以前使用的汉语教材，从来源上看，一般是采用中国内地以及阿拉伯本地编写的课本和读物，普遍缺乏阿拉伯各国的语言文化背景，也脱离阿拉伯教学对象的实际。近20年来，情况稍有一点儿变化，一些国家开始出现由中国教师和所在国教师合编的教材，但这些教材量少又没有统一的使用规定，内容缺乏针对性和多元性，仍无法满足阿拉伯及周边地区汉语教育发展的要求。因此，如何尽快编写出内容上能够体现阿拉伯多元文化社会生活实际、难易度上能切合阿拉伯汉语教育对象的教材，已经成了目前阿拉伯各国汉语教育的紧迫任务。

阿拉伯汉语教材的本土化是一个十分紧迫的问题。本土化的教材在教学内容上要适合阿拉伯当地的需要，要适合阿拉伯当地人的思维习惯和性格特征，在解释上更要符合当地的习惯。本土化的教材需要“中洋结合”，因为有些注释和翻译在埃及要符合埃及人的习惯，在土耳其要符合土耳其人的习惯。编写本土化的教材，比较好的途径应该是利用孔子学院这个平台，国内的汉语教师和阿拉伯当地的汉语教师合作来编，再逐步过渡到由当地的教师来编。一些阿拉伯国家实际上已经在使用一些具有本土化理念的汉语教材，如突尼斯汉语教师编写的中小学十年制系列教材等，其他一些阿拉伯国家也已经启动或正在启动本土化教材的编写工程，有的还尝试实行多方合作、量身定做、定向发行的模式，为国别化、本土化汉语教材的编写、出版和发行探索一条新路。

其次是教师的本土化。在阿拉伯各国，汉语师资短缺已经是一个普遍的问题了，随着开设汉语课程的学校数量的不断增加和规模的进一步扩大，阿拉伯各国汉语教师的数量已经严重不足，原有的汉语教师由于几十年的汉语教学的断层，已经出现了严重老龄化趋势，不少学校至今还主要依靠六七十岁的老教师。近年虽然也从中国大陆及台湾地区等聘请了一些受过专业训练的教师，中国国家汉办也以志愿者的形式向阿拉伯派遣了一些毕业于师范院校的中文教师，但是他们不可能在其服务的国家长期从事教学，老师和学生刚刚熟悉，老师又要离开回国了，派出的时间有限让他们所发挥的作用大打折扣。这些现实都说明，要进一步推进阿拉伯汉语教育，教师的来源必须本土化。

在具体的操作上，可以采用培养和培训双管齐下的办法。培训的对象主要是阿拉伯所在国年龄不太大的在职汉语教师，他们有教学经验，但普遍缺少汉语知识素养，也缺少教学方法的训练，通过培训，可以在较短的时间提高阿拉伯本土教师汉语教学的水平。近些年国家汉办和孔子学院已经开展了一些针对阿拉伯本土教师的培训，但效果并不显著，其原因就是缺少培训对象的针对性和培训目的的计划性。所以在对现有教师进行培训提高时，应结合阿拉伯各国师资的实际情况，分阶段、分层次、有重点、有针对性地制订现有教师的培训计划，避免培训内容重复，增强培训效果。

除了本土汉语教师的培训工作之外，还要有中长期的计划，着眼于本土汉语教师的培养。本土汉语教师的培养是指利用阿拉伯及周边地区高校普遍开设汉语专业的有利条件，培养当地的合格师资，从阿拉伯当地高校学生中培养当地汉语师资，这是从根本上解决阿拉伯汉语师资短缺问题的办法。近几年阿拉伯各国高等院校相继开设中文系或中文专业，也为教师本土化提供了某种可能，比如埃及、突尼斯、土耳其等国的高校所开设的汉语专业师资力量比较雄厚，未来也可成为培养汉语教师的摇篮；此外，阿拉伯各个孔子学院也为阿拉伯师资培训提供了场所和条件，这些都足以说明，阿拉伯师资本土化的条件已逐渐成熟，虽然周期稍长，却是阿拉伯汉语师资的真正源头。

此外还有教学模式的本土化。受传统教学模式的影响，阿拉伯大多数地区汉语教学的模式、教学方法都比较保守僵化，课堂沉闷，缺少吸引力，无法引起学生的学习兴趣。学生不感兴趣加上课时有限，教学效果自然不理想。一些阿拉伯汉语教师，特别是一些年纪大的教师忽视学生学习兴趣、学习动机的培养，不注意学习者的心理特点和学习规律，仍习惯于满堂灌，方法陈旧，致使汉语教学的效果一直在低水平徘徊。阿拉伯学生之所以认为汉语难学，汉语班级之所以低段人数爆满而高段寥寥无几，究其原因，这些都与教学方法陈旧、教学效果低下有关。因此，要进一步发展阿拉伯汉语教育，教学方法的改革势在必行。

提高阿拉伯汉语教学的水平，要探索灵活多样的教学方法，提高学习效率。必须把汉语当作交际工具来教和学，强调教学过程的交际化，语言知识的教学要为培养言语技能和交际能力服务。要注意精讲多练，让阿拉伯学生通过练习把知识转化为技能和能力；还要因材施教，要对不同层次的阿拉伯学生采用不同的教学方法。如在小学低年级学生中采用游戏、表演等教学形式，而在高年级则可以采用角色模拟、教学过程穿插小组竞赛等形式，对阿拉伯大学生和成人则要注重汉语的实用性，用不同的教学方法激发不同层次学生的学习兴趣。对同年级但汉语程度不同的学生，也要因材施教，学习的内容、评价的方式和要求都可以有所增减。实际上，已经有一些阿拉伯国家的汉语教育注意到了这个问题，比如土耳其就尝试突破传统教学模式，在小学推行具有伸缩性的单元副课程，根据学生个体学习能力，量体裁衣制定教学方案，同时还修订了汉语考试的评估方式。这些根据学生实际制定出来的教学改革模式，确实能在一定程度上提高教学效果。阿拉伯各国为培养他们所需要的汉语人才，也会根据自己的国情，推出本土化的教学模式，以此来提高汉语作为外语的教学效果和质量。

此外还要运用丰富多彩的教学手段提高阿拉伯汉语教学水平。受传统教学模式影响，阿拉伯及周边地区相当多的教师上课还是靠嘴巴，一支粉笔打天下，会使用现代多媒体教学手段的教师不多。因此，在教学方法的改革中，还必须注意教学手段的改革。教师不但要能熟练掌握计算机基本操作技能，可以利用计算机备课、制作电子教案，自如地在网上浏览、下载教学所需的资料，能够制作网页，进行网上教学等，还能利用互联网，建立汉语学习网站，进行远程教学。总之，要充分利用多媒体技术的优势，吸引阿拉伯学生对汉语的兴趣和关注，增强教学效果。

三、力求融入阿拉伯教育体系，增强中国文化海外传播的力度

作为非母语国家的外语语种，如果能融入所在国的国民教育体系的话，那么该语言在该国不但获得了其传播和教学的合法性，更重要的是，它还能借助该国国民教育体系的广阔平台，依靠其本土师资力量，调动广大学生的学习积极性，实现更广更深的语言传播。一般而言，一种语言融入他国的国民教育体系首先进入的是高等教育领域，作为一门选修的外语课程，然后慢慢提升为必修课程，再逐渐延伸到中等教育领域。当该语言已经成为非母语国家小学教育体系中的必修课程时，该语言可以说已经在该国获得了极高的地位，通常已成为该国的首要或重要外语。英语和法语之所以能够在世界各国实现如此广泛和深入的传播，主要原因之一就在于美国、英国和法国都始终致力于提倡、诱导和大力资助他国将英语或法语纳入其国民教育体系，要么作为一门重要的外语，要么作为不同教育阶段的教学语言，而且融入的教育阶段越低越好，学习年龄越低越好。

中国的汉语国际传播，从目前来看，主要还停留在阿拉伯各国的国民教育体系之外。尽管孔子学院采取的是与阿拉伯大学或教育机构合办的方式，战略上虽然是依托阿拉伯国民教育体系和学校的平台，但由于

汉语教育刚刚起步，目前也难以快速融入各国的国民教育体制中去。可喜的是，近年来已经有越来越多的阿拉伯国家调整了其语言政策，将汉语教学纳入其主流教育体系。在阿拉伯及周边地区，土耳其、埃及、突尼斯等 6 个国家通过颁布政令、法令等形式，将汉语教育纳入国民教育体系，把汉语教育纳入国民教育体系的阿拉伯国家增加到十多个，这无疑将进一步加快汉语在阿拉伯世界的广泛传播。在这一基础上，应该以此作为发展方向，努力将汉语建设成为阿拉伯及周边地区的主要外语语种。

综上所述，阿拉伯及周边地区的汉语教育事业在中国政府和各地孔子学院的推动下已经取得了长足的进步，汉语教育获得突破性发展，阿拉伯及周边地区不断有国家将汉语纳入国民教育体系。阿拉伯及周边地区汉语教育的快速健康发展，既有利于提高中国的软实力，增强中国国际话语权，也有利于中国的经济建设与和平崛起得到阿拉伯世界的更多理解和支持，达到建设和谐世界的目的。只要中国经济持续发展，只要汉语的经济价值和实用价值不断提高，只要中国与阿拉伯及周边各国继续保持稳定的睦邻友好关系，阿拉伯及周边地区的汉语教育一定会有更加美好的前景。

参考书目

一、研究专著

中文类

[1] [美] 爱德华·萨皮尔著，陆卓元译，《语言论：言语研究导论》，北京：商务印书馆，1985 年。

[2] [美] 布龙菲尔德著，袁家骅、赵世开、甘世福译，《语言论》，北京：商务印书馆，1997 年。

[3] 程棠，《对外汉语教学目的原则方法》，北京：华语教学出版社，2000 年。

[4] 丁俊，《中国阿拉伯语教学史纲》，北京：中国社会科学出版社，2006 年。

[5] 付克，《中国外语教育史》，上海：上海外语教育出版社，1986 年。

[6] [瑞士] 费尔迪南·德·索绪尔著，高名凯译，《普通语言学教程》，北京：商务印书馆，1999 年。

[7] 甘瑞瑗，《"国别化"对外汉语教学用词表制定的研究》，北京：北京大学出版社，2006 年。

[8] 桂诗春，《应用语言学》，长沙：湖南教育出版社，1988 年。

[9] 国少华，《阿拉伯—伊斯兰文化研究——文化语言学视角》，北京：时事出版社，2009 年。

[10] 胡文仲，《文化与交际》，北京：外语教学与研究出版社，1998 年。

[11] 胡壮麟，《语篇的衔接与连贯》，上海：上海外语教育出版社，1994 年。

[12] 何兆熊，《新编语用学概要》，上海：上海外语教育出版社，2000 年。

[13] 李宇明主编，《理论语言学教程》，武汉：华中师范大学出版社，2000 年。

[14] 李福印，《认知语言学概论》，北京：北京大学出版社，2008 年。

[15] 李泉，《对外汉语教材通论》，北京：商务印书馆，2012 年。

[16] 李荣建，《阿拉伯的中国形象》，北京：人民出版社，2010 年。

[17] 刘伯奎，《中华文化与汉语语用》，广州：暨南大学出版社，2004 年。

[18] 刘珣，《对外汉语教育学引论》，北京：北京语言文化大学出版社，2000 年。

[19] 吕必松，《对外汉语教学发展概要》，北京：北京语言学院出版社，1990 年。

[20] 吕必松,《汉语和汉语作为第二语言教学》，北京：北京大学出版社，2007 年。
[21] 陆俭明,《现代汉语语法研究教程》，北京：北京大学出版社，2003 年。
[22] 蓝纯,《认知语言学与隐喻研究》，北京：外语教学与研究出版社，2005 年。
[23] 马学良,《普通语言学》，北京：中央民族大学出版社，1996 年。
[24] 贾玉新,《跨文化交际学》，上海：上海外语教育出版社，1997 年。
[25] 孟昭毅,《丝路驿花：阿拉伯波斯作家与中国文化》，银川：宁夏人民出版社，2002 年。
[26] 欧阳祯人,《对外汉语教学的文化透视》，北京：北京大学出版社，2009 年。
[27] 彭树智,《文化交往论》，西安：陕西人民出版社，2002 年。
[28] [美] 乔姆斯基著，徐烈炯、尹大贻、程雨民译,《乔姆斯基语言哲学文选》，北京：商务印书馆，1992 年。
[29] 沈福伟,《中西文化交流史》，上海：上海人民出版社，1985 年。
[30] 沈福伟,《中国与西亚非洲文化交流志》，上海：上海人民出版社，1998 年。
[31] 石毓智,《语法的形式和理据》，南昌：江西教育出版社，2001 年。
[32] 宋岘,《中国阿拉伯文化交流史话》，北京：中国大百科全书出版社，2000 年。
[33] 田艳,《国际汉语课堂教学研究——课堂组织与设计》，北京：中央民族大学出版社，2010 年。
[34] 邢福义,《文化语言学》，武汉：湖北教育出版社，1990 年。
[35] 邢福义,《汉语语法三百问》，北京：商务印书馆，2002 年。
[36] 许余龙,《对比语言学》，上海：上海外语教育出版社，1992 年。
[37] 徐通锵,《语言论：语义型语言的结构原理和研究方法》，长春：东北师范大学出版社，1997 年。
[38] 杨怀中,《文化对话——跨文化的思索》，银川：宁夏人民出版社，2011 年。
[39] 周小兵、李海鸥,《对外汉语教学入门》，广州：中山大学出版社，2004 年。
[40] 赵金铭,《对外汉语教学概论》，北京：商务印书馆，2010 年。
[41] 赵东玉,《中华传统节日文化研究》，北京：人民出版社，2002 年。

[42] 张敏，《认知语言学与汉语名词短语》，北京：中国社会科学出版社，1998 年。

[43] 张西平、柳若梅，《世界主要国家语言推广政策概览》，北京：外语教学与研究出版社，2008 年。

[44] 张西平，《中国文化走出去年度研究报告》（2012 卷），郑州：大象出版社，2012 年。

[45] 祝畹瑾编译，《社会语言学译文集》，北京：北京大学出版社，1985 年。

英文类

[1] Brown, H.D. *Teaching by Principles: An Interactive Approach to Language Pedagogy.* Beijing: Foreign Language Teaching and Research Press, 2001.

[2] Canale, M. *From Communicative Competence to Communicative Language Pedagogy,* in Richards, J. C. and Schmidt, R. W. (eds.), Language and Communication. London: Longman, 1983.

[3] Fries, C. *Teaching and Learning English as a Foreign Language*. Ann Arbor: University of Michigan Press, 1945.

[4] Rodges, J.C. and Rodges, T.S. *Approaches and Methods in Language Teaching*. Beijing: Foreign Language Teaching and Research Press & Cambridge University Press, 2000.

[5] Habteab Weldemenkerios. *Let's Speak Tigrigna*. Semhar Printing Press, 2011.

[6] Halliday, M.A.K. and Ruqaiya Hasan. *Cohesion in English*. London: Longman, 1976.

[7] Hytelstam, K. Markedness. *Language Universals Language Typology and Second Language Acquisition*. In: Pfaff (ed.), First and Second Language Acquisition Processes. Cambridge, Mass.: Newbury House, 1987.

[8] Krashen, S.D. *Second Language Acquisition and Second Language Learning*. Oxford: Pergamon Press, 1981.

[9] Krashen, S. D. *Principle and Practice in Second Language Acquisition*. Oxford: Pergamon Press, 1982.

[10] Krashen, S. D. *The Input Hypothesis: Issues and Implications*. London: Longman, 1985.

[11] Lenneberg, E.H. *Biological Foundations of Language*. New York: John Wiley and Sons, 1967.

[12] Lado, R. *Linguistics across Cultures*. Ann Arbor: University of Michigan Press, 1957.

[13] Lakoff George. *Women, Fire and Dangerous Things: What Categories Reveal about the Mind*. Chicago: The University of Chicago Press, 1987.

[14] Robins, R.H. *General Linguistics.* Beijing: Foreign Language Teaching and Research Press, 2008.

[15] Robins R.H. *General Linguistics.* London: Longman, 1989.

[16] William Croft. *Typology and Universals*. Cambridge: Cambridge University Press, 1990.

[17] Scott, T. *How to Teach Vocabulary*. Pearson Education, 2003.

二、论文

中文类

[1] 白少辉,《突尼斯共和国汉语教学现状与发展研究》，见《第九届国际汉语教学研讨会论文选》，北京：高等教育出版社，2008 年。

[2] 蔡金婷、朱立霞,《认知语言学角度的二语习得研究：观点、现状与展望》,《外语研究》，2010 年第 1 期。

[3] 崔希亮,《对外汉语教学与汉语国际教育的发展与展望》,《语言文字应用》，2010 年第 2 期。

[4] 陈力,《语篇理论在 EFL 教学中的应用》,《课程·教材·教法》，2006 年第 8 期。

[5] 陈申,《国际汉语教师培养理念解构》,《语言教学与研究》, 2010 第 5 期。

[6] 陈映戎,《对外汉语文化教学：策略与形式》,《黑龙江高教研究》，2011 年第 2 期。

[7] 陈杰,《关于中国文化走向阿拉伯世界的一些思考》,《宁夏社会科学》，2012 年第 3 期。

[8] 陈来,《优秀文化的传承与民族精神的弘扬》,《新视野》, 2005 年第 3 期。

[9] 程棠,《对外汉语语音教学的几个问题》,《语言教学与研究》1996 第 3 期。

[10] 程棠,《关于“结构—功能—文化相结合”的教学原则的思考》,《世界汉语教学》，1996 年第 4 期。

[11] 程晓堂,《基于语篇的语言教学途径》,《国外外语教学》, 2005 年第 1 期。

[12] 戴浩一，《时间顺序和汉语的语序》，《国外语言学》，1988 年第 1 期。
[13] 杜文礼，《语言的具象性探微》，《四川外语学院学报》（社会科学版），1996 年第 1 期。
[14] 邓时忠，《埃及艾因·夏姆斯大学汉语教学现状及发展思路》，《阿拉伯世界》，2004 年第 2 期。
[15] 邓显超，《中国文化走出去的新起点》，《经济研究导刊》，2011 年第 3 期。
[16] 丁俊，《阿拉伯国家孔子学院发展情况初探》，《重庆科技学院学报》（社会科学版），2013 年第 9 期。
[17] 丁力，《普通话句调的构成和作用》，《陕西理工学院学报》，2005 年第 8 期。
[18] 杜芳、王松岩，《埃及汉语教学发展概况、存在的问题及对策》，《国际汉语教学动态与研究》，2008 年第 1 辑。
[19] 付瑶，《语篇理论及课堂实施策略》，《长春教育学院学报》，2007 年。
[20] 范晓玲，《汉语国际推广——阿拉伯基地发展对策研究》，《新疆大学学报》（哲学人文社会科学版），2009 年第 2 期。
[21] 甘瑞瑗、张普，《国别化“对外汉语教学用词表”制定的研究：以韩国为例》，《语言文字应用》，2005 年第 2 期。
[22] 何明星，《当代埃及青年如何认识中国——中国形象在阿拉伯世界的传播调查》，《传媒》，2011 年第 6 期。
[23] 胡明扬，《对外汉语教学中的文化因素》，《语言教学与研究》，1993 年第 4 期。
[24] 黄羲，《“结构—功能—文化”相结合的原则在大学英语教学中的应用思考》，《语言学刊》，2011 年第 9 期。
[25] 金学丽，《针对阿拉伯地区商务文化课本编写的几点思考》，见《第十届国际汉语教学研讨会论文选》，沈阳：万卷出版公司、北方联合出版传媒集团，2012 年。
[26] 金立鑫，《“教师、教材、教法”内涵和外延的逻辑分析》，《语言教学与研究》，2009 年第 5 期。
[27] 李宇明，《语言也是“硬实力”》，《华中师范大学学报》（人文社科版），2011 年第 5 期。
[28] 李宇明，《什么力量在推动语言传播？》，《汉语国际传播研究》，2011 年第 2 期。
[29] 李宇明，《认识语言的经济学属性》，《语言文字应用》，2012 年第 3 期。

[30] 李凌艳，《汉语国际推广背景下海外汉语教学师资问题的分析与思考》，《语言文字应用》，2006 年第 1 期。
[31] 李泉，《关于建立国际汉语教育学科的构想》，《世界汉语教学》，2009 年第 3 期。
[32] 李春玲，《关于异域文化背景下商务汉语教材编写的思考——以阿拉伯文化圈为个案》，见《第十届国际汉语教学研讨会论文选》，沈阳：万卷出版公司、北方联合出版传媒集团，2012 年。
[33] 李佳，《孔子学院发展和对外汉语教材本土化进程中的问题及对策》，《中国出版》，2013 年第 6 期。
[34] 鲁健骥，《对外汉语语音教学几个基本问题的再认识》，《大理学院学报》，2010 第 5 期。
[35] 鲁健骥，《中介语理论与外国人学习汉语的语音偏误分析》，《语言教学与研究》，1984 年第 3 期。
[36] 陆俭明、郭锐，《汉语语法研究所面临的挑战》，《世界汉语教学》，1998 年第 4 期。
[37] 吕俞辉、汝淑媛，《对外汉语教师海外工作跨文化适应研究》，《云南师范大学学报》（社会科学版），2012 年第 1 期。
[38] 刘欣路，《中国在阿拉伯国家的文化软实力亟待提升》，《公共外交季刊》，2012 年冬季号。
[39] 沈蓓蓓，《从孔子学院看中华文化的跨文化传播》，《贵州大学学报》，2013 年第 3 期。
[40] 孙岭军，《中国传统文化“走出去”与国家软实力的提升——兼论孔子学院的重要作用》，《山东行政学院学报》，2012 年第 10 期。
[41] 唐智芳，《汉语国际推广与中国文化传播》，《湖南大学学报》（社会科学版），2013 年第 2 期。
[42] 唐贤清，《对外汉语专业人才培养目标、模式研究》，《中南林业科技大学学报》（社会科学版），2010 年第 8 期。
[43] 王建勤，《美国国家语言战略与我国语言文化安全对策》，《国际汉语教学动态与研究》，2007 年第 2 辑。

英文类

[1] Birdsong, D. “Ultimate Attainment in Second Language Acquisition”. *Language*, 68, 1992.

[2] Breen, M.N. Candlin. "The Essentials of a Communicative Curriculum in Language Teaching". *Applied Linguistics*, 1980.1（2）.

[3] Coder, S. "Language Distance and the Magnitude of the Learning Task". *Studies in Second Language Acquisition*, 1978b, 2/1.

[4] Daddi Ketema Meskela. "Towards a Sustainable Counterbalanced Development: Educational Cooperation between China and African Countries". *Reports*, 2009.

[5] Drew Thompson. "China's Soft Power in Africa: From the 'Beijing Consensus' to Health Diplomacy". *China Brief*, 2005（21）.

[6] Eckman, F.R. "Makedness and Contrastive Analysis Hypothesis". *Language Learning*, 27, 1977.

[7] Jennifer G. Cooke. "China's Soft Power in Africa: Chinese Soft Power and It's Implications for the United States". Washington: CSIC, 2009.

[8] Kellerman, E. "Crosslinguistics Influence: Transfer to Nowhere". *Annual Review of Applied Linguistics*, 15, 1995.

[9] Rosch, E. "Wittgenstein and Categorization Research in Cognitive Psychology". Chapman, M., Dixon, R. *Meaning and the Growth of Understanding: Wittgenstein's Significance for Development Psychology*. New York: Springer, 1987.

[10] Selinker, L. "Interlanguage". *International Review of Applied Linguistics*, 10, 1972.

[11] Swain, M. and Lapkink, S. "Problem in Output and the Cognitive Processes They Generate: A Step towards Second Language Learning". *Applied Linguistics*, 16, 1995.

[12] Tahta, T. M. Wood and Loewenthal, K. "Foreign Accent: Factors Relating to Transfer of Accent from the First Language to Second Language". *Language and Speech*, Vo124, No.3, 1981.

[13] Wolbert Smidt. "A Chinese in the Nubian and Abyssinian Kingdoms (8th Century)". The Visit of Du Huan to Molin-guo and Laobosa. http://www.revues.org/document33.html.

三、学位论文

[1] 陈敬玺,《国际汉语语言交际能力论——以韩国和泰国的学习者为例》,陕西师范大学,2012 年。
[2] 邓夏,《对外汉语文化教学存在的问题及对策研究》,重庆大学,2012 年。
[3] 耿红卫,《海外华文教育研究》,河南师范大学,2005 年。
[4] 何丽芳,《加拿大学生汉语语音习得与教学》,陕西师范大学,2013 年。
[5] 胡向辉,《汉语语法的理据性及其对对外汉语教学的启示》,复旦大学,2012 年。
[6] 马明良,《伊斯兰文化与中华文化交往历程与交往前景》,西北大学,2005 年。
[7] 木森(Mohamed Elmustafa Salih),《母语为阿拉伯语的学生学习汉语的难点》,天津师范大学,2010 年。
[8] 王骏,《字本位与认知法的对外汉语教学》,华东师范大学,2006 年。
[9] 余娟,《从语言学习到文化理解》,华中师范大学,2011 年。
[10] 钟婷婷,《新中国对非洲的文化外交研究》,浙江师范大学,2011 年。

四、文件标准

[1]《高等学校外国留学生汉语言专业教学大纲》,国家对外汉语教学领导小组办公室编制,北京:北京语言文化大学出版社,2002 年。
[2]《国际汉语教师标准》,国家汉语国际推广领导小组办公室,北京:外语教学与研究出版社,2007 年。
[3]《国际汉语教学通用课程大纲》,国家汉语国际推广领导小组办公室,北京:外语教学与研究出版社,2008 年。
[4]《汉语水平等级标准和等级大纲》,中国对外汉语教学学会汉语水平等级标准研究小组,北京:北京语言学院出版社,1988 年。
[5]《国际汉语教学通用课程大纲》,国家汉办孔子学院总部编制,北京:外语教学与研究出版社,2010 年。
[6]《普通高等学校本科专业目录和专业介绍》,中华人民共和国教育部高等教育司,北京:高等教育出版社,1998 年。

五、网络资源:

孔子学院总部 / 国家汉办,《年度报告》(2000—2012),http://www.hanban. edu.cn/report/index.html, 2014-6-10.